Dinozaurii

Traducere
de Cora Radulian

Aramis

București, 2017

Cuprins

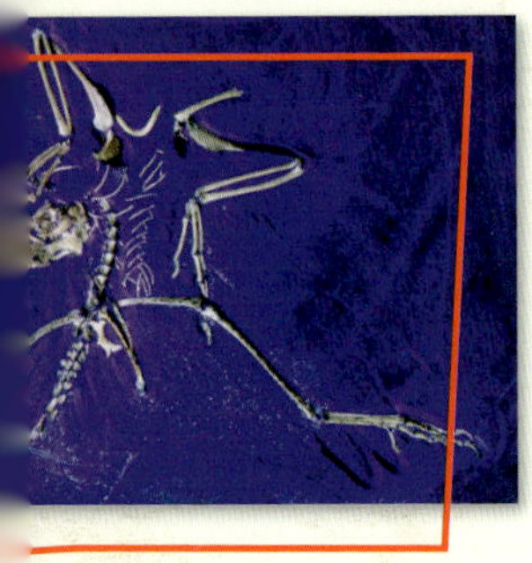

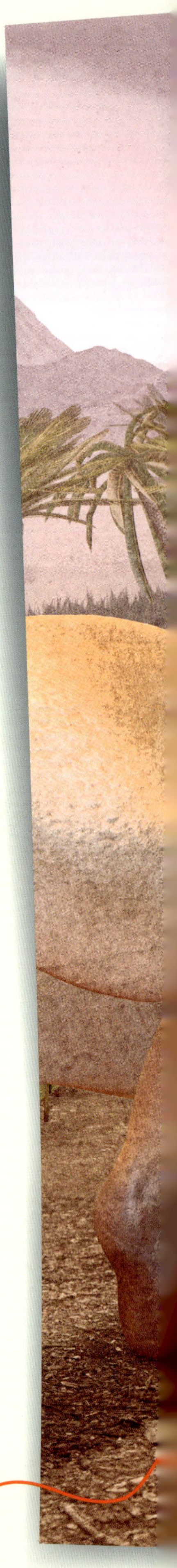

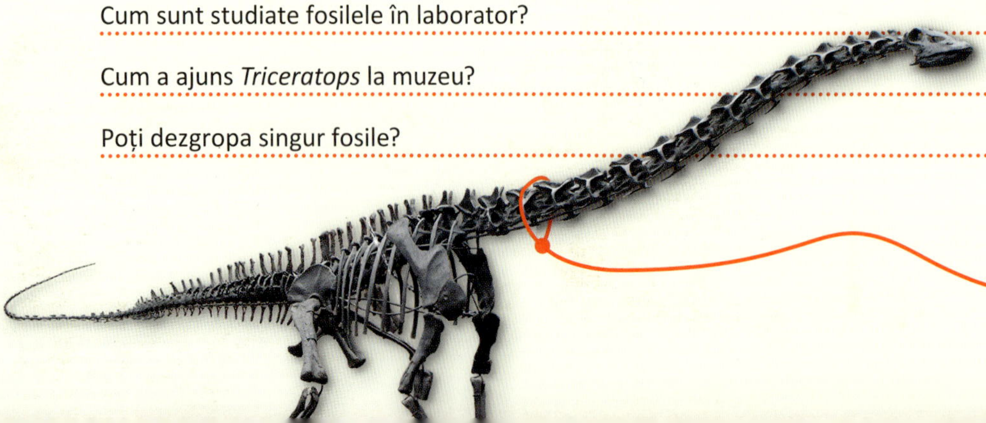

Vino cu noi într-o excursie la dinozauri!
Va fi captivant!

Cine au fost dinozaurii?

Când auzim cuvântul dinozaur, ne gândim automat la cumplitul Tyrannosaurus rex din filmele artistice, care înfulecă tot ce-i cade în uriaşa gură. Şi, de fapt, în traducere din limba greacă (*deinos* și *sauros*), dinozaur înseamnă „teribilă șopârlă". Totuşi, în realitate, reptilele preistorice erau la fel de diferite cum sunt mamiferele în prezent – printre ele erau micuţi cu pene, care săgetau aerul, înşfăcând insecte, dar și uriaşi de 80 de tone, care rumegau leneşi, cât era ziua de lungă, deplasându-se foarte puțin, datorită lungimii lor impresionante. Mai existau coloşi „cu platoşă", care aveau coarne şi plăci osoase. Pe lângă diferenţele dintre ei, dinozaurii aveau şi trăsături comune. Una dintre cele mai importante era aceea că picioarele lor nu erau distanţate lateral ca la şopârle, ci erau adunate sub trunchi, ca la păsări sau mamifere. Având membre evoluate, dinozaurii puteau alerga repede pe perioade mai îndelungate decât concurenţii lor. Acest avantaj a dus, printre altele, la faptul că, în urmă cu aproximativ 200 de milioane de ani, dinozaurii stăpâneau Pământul. Ei au fost incontestabil „stăpânii" Pământului timp de 140 de milioane de ani, înainte să dispară ca urmare a unei catastrofe.

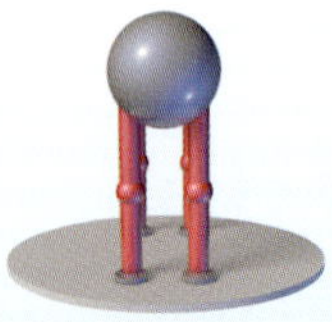

Dinozaurii aveau picioare drepte, situate sub trunchi.

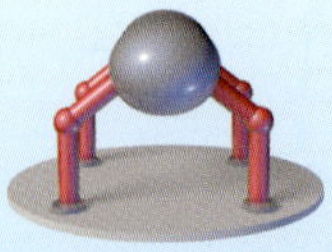

Picioarele de crocodil se află în lateralul corpului şi sunt îndoite în timpul „alergării".

Şopârlele existente în prezent pot doar să se târască, deoarece picioarele lor sunt distanţate în lateral.

Ştiai că...

...experţii au descoperit până în prezent aproape 1 000 de specii diferite de dinozauri? Cifra exactă nu o ştie nimeni pentru că sunt descoperite în continuare specii noi, care se adaugă în fiecare an la cele deja ştiute. În plus, din multe schelete de animale au mai rămas doar câteva oase, poate o bucată dintr-un membru posterior sau o vertebră. În acest caz, e greu să spui cărui dinozaur îi aparţine fragmentul descoperit. Adeseori, cercetătorii au anunţat că au descoperit o nouă specie pentru a afla mai târziu că oasele aparţin unui dinozaur dintr-o specie deja cunoscută.

Informații speciale

În afară de poziţia picioarelor, dinozaurii au şi alte trăsături comune. Aici poţi vedea câteva dintre ele:

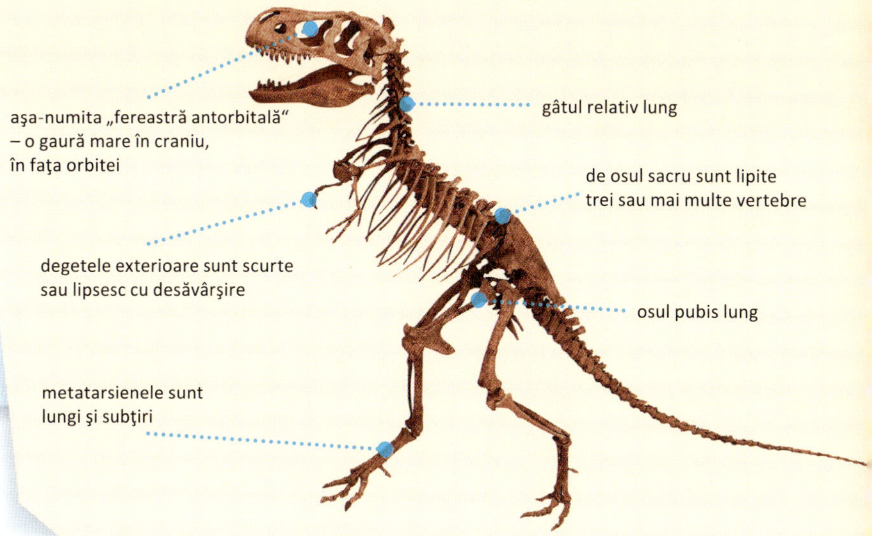

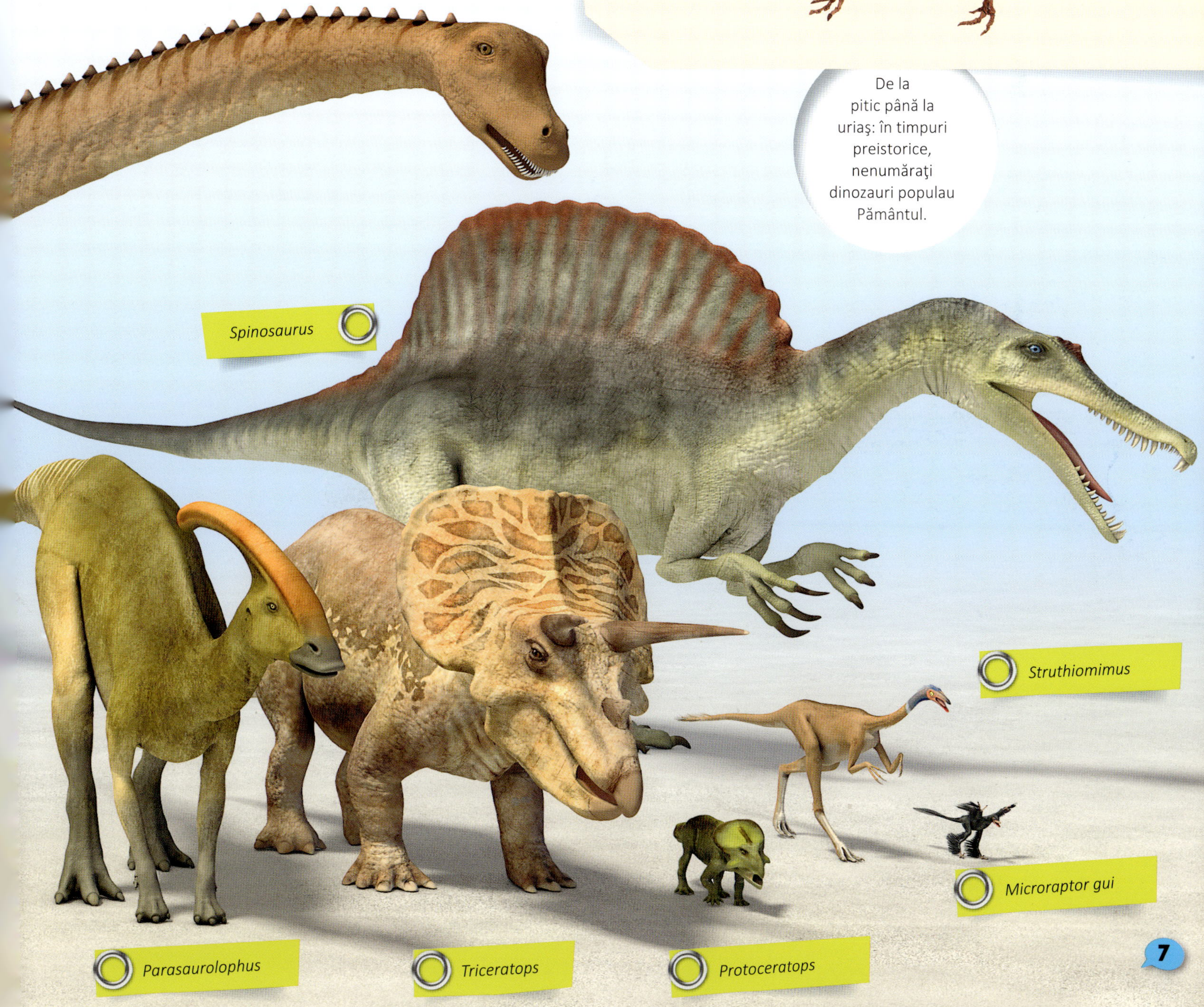

De la pitic până la uriaş: în timpuri preistorice, nenumăraţi dinozauri populau Pământul.

Când au apărut primii dinozauri?

Eoraptor

Lungime: 1 metru

Greutate: 10 kilograme

Hrană: plante şi animale mici

A trăit: acum aprox. 230 de milioane de ani

Descoperit: în 1991, în Argentina

Particularitate: când îşi ia avânt, coada acţionează ca o prăjină pentru echilibristică

↑ *Eoraptorii* agili au trăit în urmă cu aproximativ 230 de milioane de ani, numărându-se printre primii dinozauri. În traducere, numele lor înseamnă „vânătorul aurorei".

În urmă cu 230 de milioane de ani, Pământul arăta cu totul altfel decât în prezent. Exista un sigur continent uriaş, Pangeea, unde clima era foarte caldă şi uscată. Pe aproape toată suprafaţa Pământului era deşert, doar pe malurile mărilor creşteau multe plante. Animalele care existau pe atunci nu ne sunt foarte cunoscute. Pe alocuri păşteau cirezi de *Placerias* – o reptilă butucănoasă, asemănătoare hipopotamilor de astăzi, care cântăreau câteva tone. Mai existau prădători care se asemănau cu crocodilii, cum ar fi *Postosuchus*, care avea lungimea de patru metri. Printre uriaşi se strecura, relativ discret, o mică reptilă ciudată: *Eoraptor*, care avea lungimea de cel mult un metru şi i-ar fi venit unui adult abia până la genunchi. „Micuţul" avea oase uşoare, goale la interior, şi alerga vioi pe două picioare, folosindu-şi în mod abil coada pentru a-şi menţine echilibrul. Astfel, îşi putea mişca liber membrele anterioare. Acestea aveau gheare, cu ajutorul cărora înşfăca plante şi animale mici. *Eoraptor* a fost unul dintre primii dinozauri, o pradă gustoasă pentru contemporanii lui mai mari. În curând, urmaşii lui au crescut, transformându-se în erbivore şi raptori masivi.

În decursul a 50 de milioane de ani, dinozaurii au ajuns în fiecare colţişor al planetei şi nu au mai fost nevoiţi să se ascundă de niciun duşman.

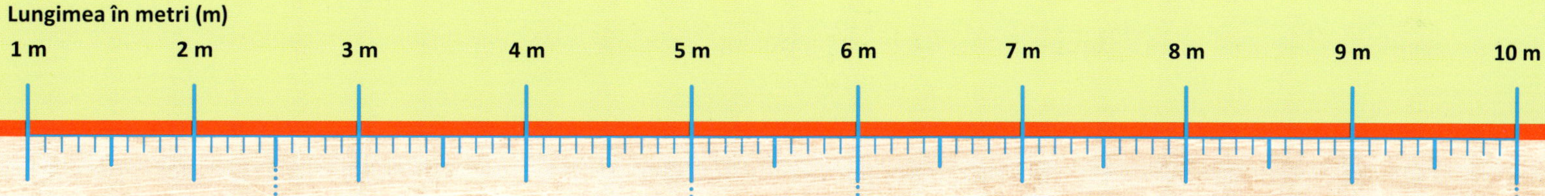

Alți dinozauri timpurii

Coelophysis

De categorie ușoară, avea 2,5 metri lungime, nu cântărea nici măcar 30 de kilograme și trăia în pădurile calde și umede de pe coasta actualei Americi de Nord.

Liliensternus

Numele raptorului mlădios se traduce prin „reptila săltăreață". La fel ca *Plateosaurus*, acesta trăia pe teritoriul actualei Germanii.

Știai că...

...multă vreme, cercetătorii au crezut că *Eoraptor* și *Herrerasaurus* au fost primii dinozauri de pe Pământ? Totuși, în urmă cu câțiva ani, oamenii de știință americani au descoperit un exemplar mult mai vechi în Muzeul din Londra.
Acolo se aflau de multă vreme oasele unui *Nyasasaurus*, care fusese dezgropat în 1930 din Tanzania. Când experții i-au calculat vechimea, au ajuns la cifra de 243 de milioane de ani. Adică cu peste 10 milioane de ani înaintea celor mai bătrâni dinozauri cunoscuți până atunci!

Acest raptor era cu trei până la șase metri lungime mai mare decât *Eoraptor*. A trăit cu aproape 230 de milioane de ani în urmă, pe actualul teritoriu al Argentinei.

Herrerasaurus

Plateosaurus

Primul schelet al uriașului erbivor a fost descoperit în anul 1834, la Nürnberg. Acesta ajungea până la 10 metri lungime!

Cine este înrudit cu cine?

Când a trăit fiecare dinozaur și care cu care e înrudit? După ce am descoperit aproximativ 1 000 de specii de dinozauri, este dificil să vezi mereu imaginea de ansamblu. De aceea, paleontologii concep arbori genealogici ca acesta. Fiecare creangă reprezintă un grup de dinozauri. Ca să vedem cât de strâns sunt înrudite două exemplare, urmăm crengile spre stânga, până ce acestea se întâlnesc. Lucrurile sunt foarte simple: cu cât se află mai spre stânga punctul de intersecție, cu atât mai slabă este înrudirea. Prin urmare, *Stegosaurus* e strâns înrudit cu *Ankylosaurus*. *Allosaurus* și *Tyrannosaurus* sunt mai slab înrudiți, chiar dacă se aseamănă foarte mult ca aspect. *Iguanodonul* și *Spinosaurus* sunt doar rude foarte îndepărtate. Din imagine poți citi însă mult mai multe; de exemplu, că în triasic existau doar puține specii de dinozauri, însă în jurasic și în cretacic au fost multe, sau că cercetătorii împart dinozaurii în două grupe: unii cu bazin de pasăre și unii cu bazin de șopârlă. Unii dinozauri au dispărut repede și brusc – cum ar fi *Eoraptor*. Altele au populat Pământul până în urmă cu 65 de milioane de ani, când o catastrofă a dus la dispariția aproape a tuturor animalelor preistorice. Doar un urmaș al dinozaurilor a supraviețuit atunci: păsările. De fiecare dată când vezi o vrabie într-un copac, ai în fața ochilor o rudă a lui *Tyrannosaurus* și al lui *Giraffatitan!*

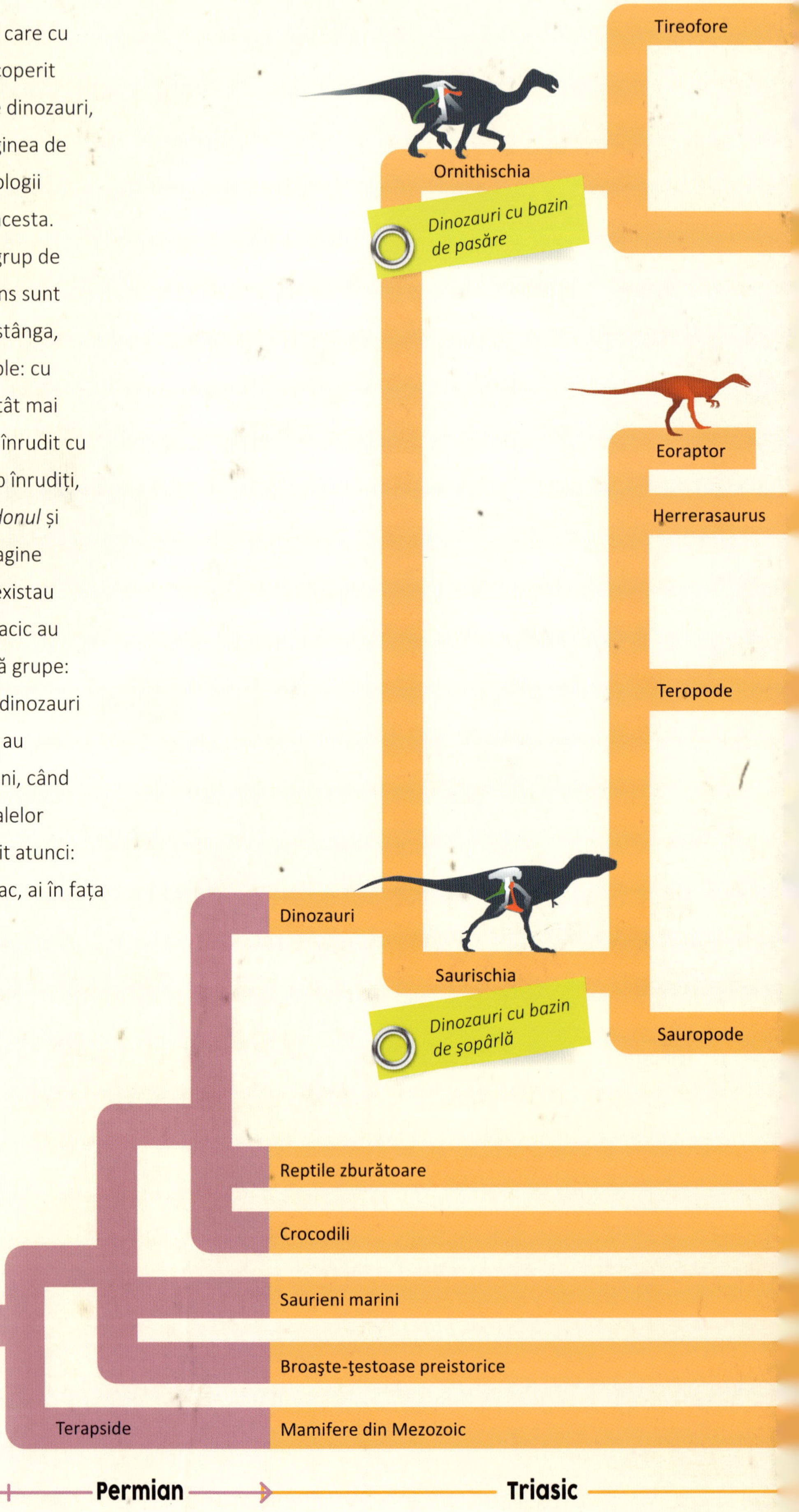

Siluetele prezentate nu sunt reduse la aceeaşi scară.

Cum arăta lumea pe vremea saurienilor?

Suprafaţa Pământului nostru nu este stabilă. Ea cuprinde mai multe plăci tectonice, care sunt ca nişte plute în derivă pe un subsol lichid. Deoarece aceste plăci se deplasează, aspectul Pământului se schimbă în permanenţă. De milioane de ani, continentele au fost în derivă, munţii s-au ridicat şi au apărut mări noi, în timp ce altele au dispărut. De aceea, pe vremea dinozaurilor, lumea arăta cu totul altfel. Această epocă se numeşte mezozoic, în traducere „viaţa de mijloc". Ea începe în urmă cu 251 de milioane de ani şi se termină în urmă cu 65 de milioane de ani. Deoarece intervalul este atât de lung, cercetătorii îl subîmpart în trei epoci: triasic, jurasic şi cretacic.

Triasic (în urmă cu 251-200 de milioane de ani)
În triasic, tot uscatul reprezintă uriaşul continent Pangeea, care este înconjurat de oceanul Panthalassa. Clima este plăcută: soarele străluceşte aproape în permanenţă, e cald şi plouă puţin. Pe de altă parte, nici nu cresc prea multe plante. În interiorul continentului e doar deşert. Animalele găsesc plante şi, implicit, hrană doar în zonele de coastă: conifere, ferigi-palmier şi arbori ginkgo, de exemplu. Regiunile umede sunt acoperite de desişuri de coada-calului, în mlaştini creşte *Pachypteris*, care se aseamănă cu feriga. Pentru că vremea este pretutindeni cam aceeaşi, iar hrana nu e foarte diversă, nu există nici prea multe specii de dinozauri.

Jurasic (în urmă cu 200-142 de milioane de ani)
Cu aproximativ 50 de milioane de ani mai târziu, supercontinentul Pangeea se rupe în două. Partea nordică, Laurasia, se împarte, la rândul ei, în America de Nord şi Eurasia, între care apare Oceanul Atlantic. Către sfârşitul jurasicului, partea sudică, Gondwana, începe să se dezintegreze. Acum plouă mult mai mult decât în triasic, dar e şi mai cald. Aceste condiţii climaterice duc la apariţia unor zone împădurite întinse. Se răspândesc coniferele, cum ar fi *Araucaria*, sequoia şi chiparoşii. Pentru erbivore este un paradis! Unele dintre acestea, cum ar fi *Apatosaurus*, cu lungimea de 21 de metri, cresc în această perioadă, devenind nişte uriaşi. Cu toate acestea, nu sunt în siguranţă, deoarece carnivorele se dezvoltă în paralel cu prada lor. În perioada târzie, în Europa, dinozaurii încep să se ridice în aer. Acolo trăieşte *Archaeopteryx*, care este, probabil, prima pasăre din lume.

Cretacic (în urmă cu 142-65 de milioane de ani)
Şi Gondwana se dezintegrează, ducând la apariţia Africii, Americii de Sud şi Antarcticii. În unele locuri, plăcile tectonice s-au ciocnit şi au dus, în timp, la formarea unor munţi uriaşi. Părţi mari din America de Nord şi din Europa sunt acoperite de mări de mică adâncime. În apropierea Ecuatorului, clima rămâne caldă. În rest, pe Pământ, clima devine tot mai rece, iar nordul ajunge să fie chiar îngheţat. Încă o noutate: aproape peste tot se schimbă vremea, ceea ce duce la apariţia anotimpurilor. Deoarece condiţiile de mediu sunt atât de diferite pe continente, apar diverse specii de animale şi de plante. Pentru că hrana este supraabundentă, există mai mulţi dinozauri ca până acum.

Cine a descoperit „şopârlele teribile“?

Dinozaurii au trăit în urmă cu peste 65 de milioane de ani, dar au fost descoperiţi abia în urmă cu 200 de ani. Apoi a fost nevoie să apară o nouă ştiinţă – paleontologia. Paleontologii caută fosile, componente pietrificate ale unor plante şi animale dispărute de mult, de exemplu cochilii de scoici, oase sau dinţi, apoi încearcă să determine vechimea resturilor descoperite şi să afle cum arătau acele vieţuitoare. Multe dintre descoperiri sunt incredibile. În 1811, fraţii Mary şi Joseph Anning descoperă la Strand, în sudul Angliei, capul de cinci metri lungime al unei reptile care, în mod sigur, înotase cândva în mare! Ei au denumit fiinţa care se asemăna cu un crocodil *Ichthyosaurus*, adică în traducere „reptila-peşte“. În 1824, în timp ce săpau într-o carieră de piatră din apropierea regiunii engleze Oxfordshire, un grup de muncitori a descoperit părţi din scheletul unei reptile cu lungimea de peste 20 de metri. Le-au dus unui profesor de geologie de la Universitatea Oxford, William Buckland. Acesta a botezat animalul *Megalosaurus*, în traducere „reptila uriaşă“. Astfel, *Megalosaurus* devine primul dinozaur din istorie – chiar dacă denumirea de „dinozaur“ a fost inventată abia în 1842. După senzaţionala descoperire încep să se intereseze şi alţi cercetători de uriaşii preistorici. În următoarele decenii, paleontologi din Europa şi din SUA descoperă nenumărate schelete de dinozauri.

Gideon Mantell

Probabil niciun alt cercetător care a studiat dinozaurii nu a avut o poveste atât de tristă precum cea a lui **Gideon Mantell**. Acesta era doctor şi i-a căzut în mână, întâmplător, în anul 1822, un dinte care l-a fascinat pe loc. Dintele avea lungimea de doi centimetri şi jumătate, era lat şi plat. Mantell era convins că trebuie să-i fi aparţinut unei reptile uriaşe. Totuşi, nimeni nu l-a luat pe cercetătorul amator în serios. Când le-a arătat paleontologilor dintele, aceştia l-au luat în derâdere. Mantell s-a simţit descurajat şi a hotărât să renunţe la cercetările sale. Apoi însă, muncitorii care lucrau la o carieră de piatră i-au trimis şi alţi dinţi, care erau mai bine păstraţi. De această dată, experţii au fost nevoiţi să recunoască: asemenea dinţi nu au mai văzut niciodată! Mantell a scotocit apoi prin dulapurile muzeelor care conţineau astfel de colecţii şi a descoperit scheletul unei iguane, care avea incisivi asemănători. Şi-a numit reptila Iguanodon, „dinte de iguană“. În cele din urmă, lui Mantell i s-a recunoscut descoperirea. Totuşi, norocul lui nu a ţinut mult: deoarece abia dacă mai avea timp să lucreze ca medic, Mantell a câştigat în anii următori din ce în ce mai puţini bani. Soţia l-a părăsit, muzeul lui Mantell a ajuns în situaţia să-şi închidă porţile, iar concurentul acestuia, Richard Owen, i-a furat binemeritata glorie. În 1852, cercetătorul cade pe scară şi moare la scurt timp după acest tragic accident.

Richard Owen

Richard Owen a fost cel mai important concurent al lui Gideon Mantell şi, spre deosebire de acesta, a fost un mare norocos. În 1837, când comunitatea ştiinţifică dorea să studieze fosilele descoperite în Anglia, nu l-a ales pe Mantell, care a găsit cele mai multe oase de dinozaur, ci pe Owen. Acesta nu dovedea niciun fel de recunoaştere faţă de colegii săi. El nu numai că a studiat oasele de dinozaur ale lui Mantell, ci a şi luat în derâdere asemănarea pe care a observat-o colegul său între iguane şi Iguanodoni. În final, i-a furat întreaga glorie pentru că Owen a fost cel care a dat, în 1842, reptilelor dispărute denumirea sub care sunt cunoscute până în prezent: dinozauri, adică „şopârle teribile“.

Adesea, oasele de dinozaur sunt prinse în roca dură. În acest caz, cercetătorii trebuie să pună mâna pe ciocanul pneumatic pentru a elibera fosilele.

William Buckland

Fragment din mandibula unui *Megalosaurus*

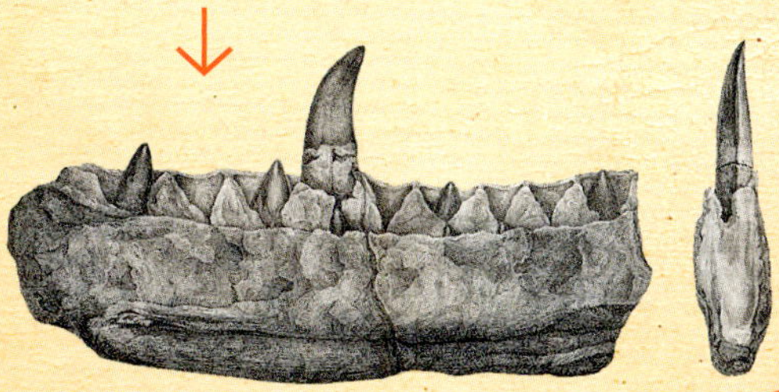

În calitate de cercetător, **William Buckland** era convins că *Megalosaurus* era carnivor. În fond, animalul care fusese primul dinozaur prezentat publicului, avea gheare şi dinţi îngrozitori! Multor credincioşi nu le-au plăcut însă deloc asemenea idei. Ei credeau cu tărie că pe vremuri toate animalele trăiseră în paradis – acesta fiind un loc paşnic, unde animalele nu se mâncau între ele. De aceea, concluzionau ei, trebuie să fi fost şi *Megalosaurus* erbivor. Indiferent de aspectul său.

SUA 1870-1890

Războiul oaselor

stânga: Edward Drinker Cope

dreapta: Othniel Charles Marsh

Şi în SUA, doi cercetători erau „la cuţite": **Edward Drinker Cope** şi ***Othniel Charles Marsh*** căutau în Vestul Sălbatic schelete de saurieni. În cursul competiţiei dintre ei, care a durat din 1870 până în 1890, amândoi s-au folosit de toate mijloacele: au plătit oameni pentru a căuta pentru ei fosile şi şi-au cumpărat unul altuia de sub nas oasele găsite. Cope ajunge chiar să-i mituiască pe oamenii lui Marsh pentru a-i fura concurentului său oase de la locul unde au fost descoperite. Când află de acest lucru, Marsh pune să fie distruse toate resturile descoperite în cariera de piatră. Duşmănia feroce dintre ei va fi denumită mai târziu „războiul oaselor", lupta fiind purtată până şi în ziare, unde cei doi s-au acuzat reciproc de înşelăciune. Ceea ce adeseori era adevărat. Când Cope a găsit un schelet de brontozaur fără cap, i-a pus efectiv un alt cap deasupra! Până la final, Marsh a câştigat duelul: a dat numele la 86 de specii noi de dinozauri, pe când Cope la doar 56.

Cum se diferențiază dinozaurii?

Cercetătorii împart dinozaurii în două grupe mari: la ordinul Saurischia, adică dinozaurii cu bazin de şopârlă, osul pubis (cel roşu) este în faţă, osul iliac (cel verde) este în spate. Printre aceștia se numără răpitori, precum *Tyrannosaurus*, dar şi erbivori, ca *Diplodocus*. La ordinul Ornithischia, adică dinozauri acoperiţi cu pene, osul pubis stă lângă osul iliac, doar o prelungire iese în faţă. Bazin de pasăre au, de exemplu, *Stegosaurus* sau *Triceratops*. Ciudat este că la păsări lucrurile nu stau astfel. Acestea s-au dezvoltat din dinozaurii cu bazine de şopârlă. De aceea, denumirea este, strict vorbind, oarecum ilogică.

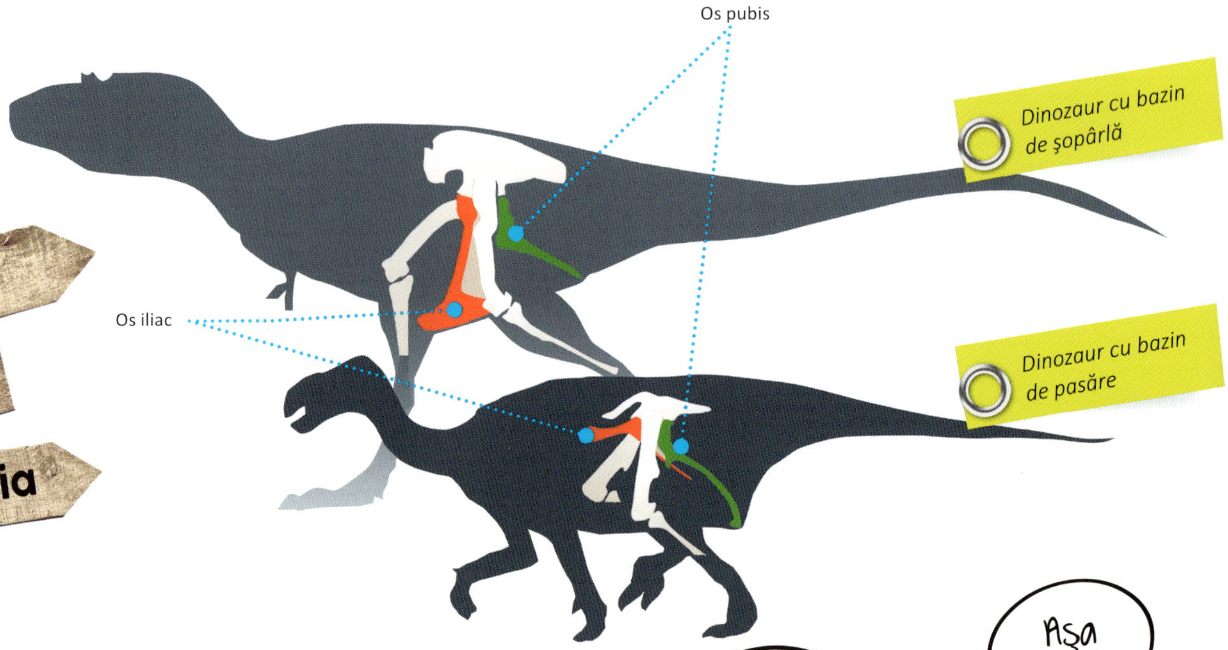

Informații speciale

Triceratops, Pachycephalosaurus, Velociraptor: **e foarte dificil să rosteşti majoritatea numelor de dinozauri fără să nu-ţi înnozi limba în gură. De ce oare? Foarte simplu: când dau un nume unui dinozaur, paleontologii folosesc, de cele mai multe ori, cuvinte în limba greacă sau latină pentru a-l descrie.** ***Triceratops*** **înseamnă, în traducere, „faţă cu trei coarne", pentru că acesta are trei coarne.** ***Pachycephalosaurus*** **înseamnă „şopârlă cu craniul dur", iar** ***Velociraptor*** **– „răpitor rapid", deoarece cercetătorii sunt de părere că suplul dinozaur era extrem de agil. Există însă şi excepţii. Adeseori, cercetătorii nu găsesc suficiente oase pentru a şti cum arăta dinozaurul. Atunci denumesc, de exemplu, saurianul după descoperitorul său. În cazul lui** ***Abelisaurus,*** **acesta a fost denumit după Roberto Abel. Sau după locul unde a fost descoperit:** ***Argentinosaurus*** **a fost descoperit în Argentina. Iar** ***Gasosaurus*** **– şi asta nu e o glumă – în apropierea unei sonde a unei companii de gaz chinezeşti.**

Anchilozauri
Stegozauri
Ornitopode
Iguanodonţi
Hadrosaurieni
Marginocephalieri
Pachycephalosaurieni
Ceratopsieri
Psittacosaurieni
Neoceratopsieri
Carnosaurieni
Alozaurieni
Spinosaurieni
Coelurosaurieni
Tyrannosaurieni
Maniraptori
Therizinosaurieni
Dromaeosaurieni
Păsări
Diplodocoizi
Titanosaurieni
Brachiosaurieni
Păsări
Crocodili
Saurieni marini
Broaşte-ţestoase
Mamifere
Jurasic
Cretacic

Au existat saurieni și în mare, şi în aer?

Quetzalcoatlus

Quetzalcoatlus zbura în cretacic deasupra ţărmului Americii de Nord. În mările preistorice se zbenguiau *Ihtiozaurul* şi *Plesiosaurus*, care aveau gâturi lungi de până la şase metri.

Saurienii nu stăpâneau doar uscatul în Mezozoic. Reptilele mișunau şi în apă, şi în aer. Dacă ai fi trăit pe atunci, o baie în mare ar fi fost o plăcere primejdioasă. Agil, *Ihtiozaurul* s-ar fi năpustit spre tine. Pe lângă aceștia, existau *Mosasauri* hulpavi şi *Pliosauri* masivi – coloşi de 30 de tone, pe lângă care orice rechin alb care există în prezent ar arăta ca o piticanie – care înfulecau tot ce ajungea în raza colţilor lor. Sus pe cer ai fi recunoscut, probabil, umbra leneşă a lui *Quetzalcoatlus*, care se rotea tacticos, profitând de curenţii ascendenţi. Aripile giganţilor aveau deschiderea de peste 10 metri, la fel ca unele avioane existente în prezent! Saurienii marini şi zburători nu sunt însă dinozauri, ci sunt doar înrudiţi cu aceștia. Cercetătorii vorbesc despre saurieni marini şi pterosaurieni (în traducere: „şopârle zburătoare“).

Plesiosaurus
Reptile care atingeau până la 12 metri ţâşneau prin apă folosindu-se de cele patru aripioare. Cea mai izbitoare trăsătură a lui *Plesiosaurus* era gâtul său de până la şase metri lungime. Cu acest furtun mobil uriaş, reptila putea apuca prada chiar şi de la mai mulţi metri distanţă.

Ştiai că...

...uriaşul *Quetzalcoatlus* le dă de gândit cercetătorilor până în ziua de azi? Aceştia încă se întreabă oare cum se putea ridica în aer gigantul? Unele animale aveau o anvergură a aripilor de 11 metri. Pentru a flutura din asemenea aripi, un animal avea nevoie de mulţi muşchi. Pe de altă parte, asemenea muşchi sunt grei şi ar împiedica saurianul să se ridice de la sol, trăgându-l în jos ca o cămaşă de plumb. Totuşi, odată ajuns în aer, zborul nu ar trebui să constituie o problemă. Suprafaţa portantă uriaşă era foarte bună pentru a exploata curenţii ascendenţi.

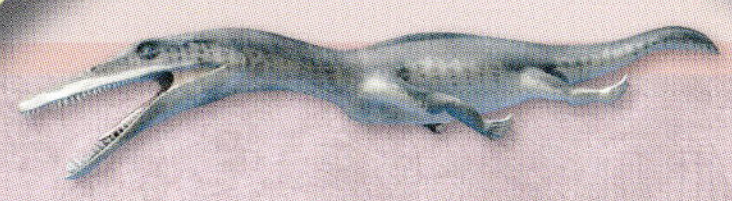

Nothosaurus

Reptila agilă făcea râurile şi ţărmurile din triasic extrem de nesigure. În comparaţie cu *Plesiosaurus*, *Nothosaurus* era, cu cei aproximativ patru metri ai săi, relativ mic. Totuşi, compensa acest aspect printr-o tehnică de vânătoare perfecţionată: capul său lung şi întins ca la crocodil avea dinţi ascuţiţi pe maxilarele superior şi inferior.

Mosasaurus

Cu cozile lor puternice, saurienii cu lungimea de până la 17 metri înaintau prin mări la fel de agil ca focile. Aproape niciun animal acvatic se putea feri din calea acestora. *Mosasaurus* înşfăca peşti, păsări de apă şi broaşteiţestoase şi se presupune că ataca până şi crocodilii din râuri!

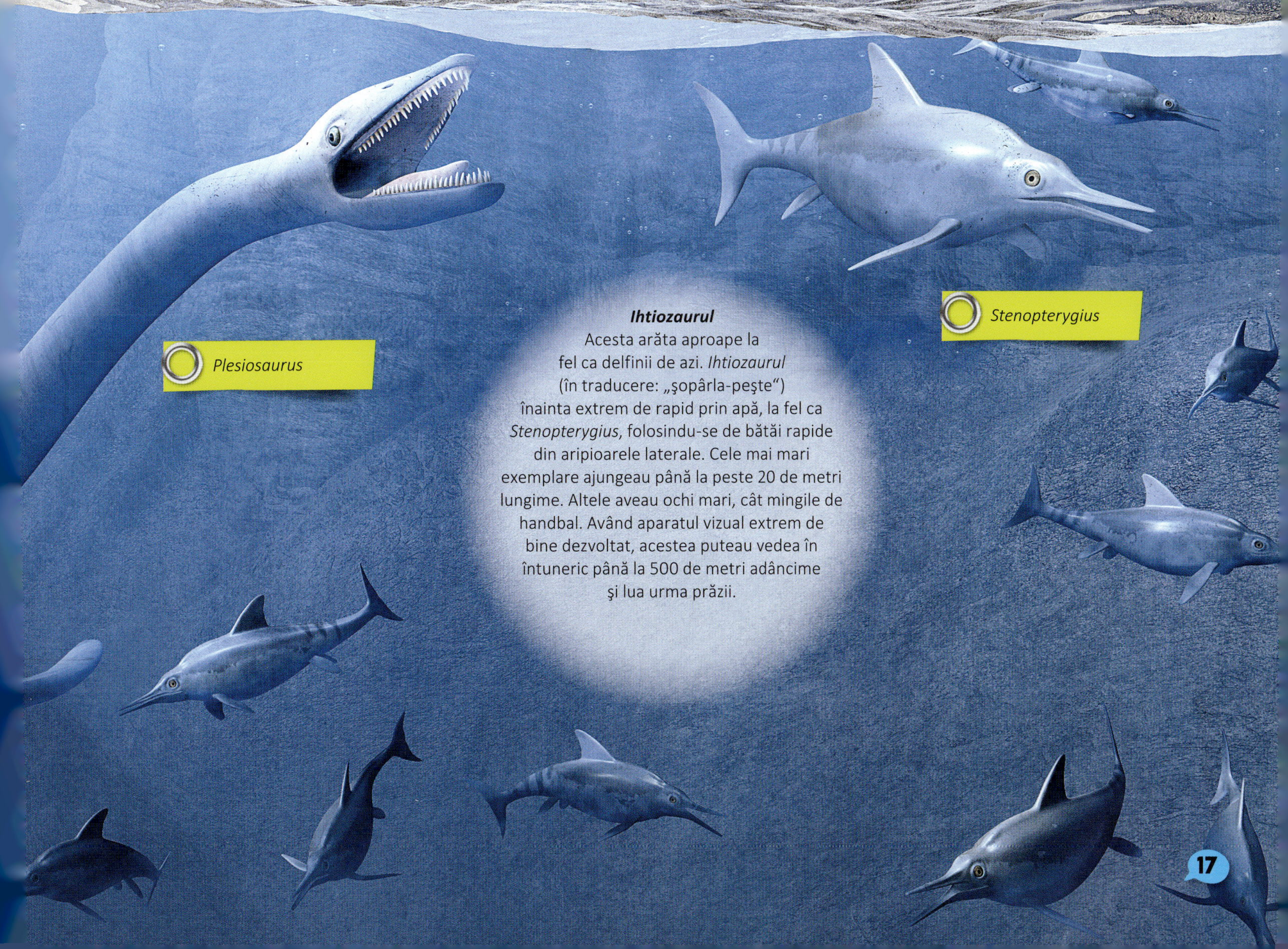

Ihtiozaurul

Acesta arăta aproape la fel ca delfinii de azi. *Ihtiozaurul* (în traducere: „şopârla-peşte“) înainta extrem de rapid prin apă, la fel ca *Stenopterygius*, folosindu-se de bătăi rapide din aripioarele laterale. Cele mai mari exemplare ajungeau până la peste 20 de metri lungime. Altele aveau ochi mari, cât mingile de handbal. Având aparatul vizual extrem de bine dezvoltat, acestea puteau vedea în întuneric până la 500 de metri adâncime şi lua urma prăzii.

De ce avea *Stegosaurus* platoşă?

La prima vedere, *Stegosaurus* era, pentru prădătorii mai mari (cum ar fi *Alozaurul*), o pradă uşoară. Erbivorul cu greutatea de mai multe tone era gras cât un autobuz mic şi, în comparaţie cu mulţi prădători, era o biată raţă. Oare putea scăpa cu fuga? Absolut exclus! Bietul saurian stângaci nici măcar să muşte ca lumea nu putea pentru a se apăra. Dinţii lui puteau mărunţi doar frunze. Şi totuşi, atacatorii puteau avea o surpriză neplăcută. *Stegosaurus* era greu de doborât: pe spatele lui erau îndreptate în sus plăci osoase voluminoase care-l apărau împotriva muşcăturilor. Iar coada sa avea o armă mortală: ţepi cu lungimea de până la un metru, pe care-i vântura violent spre picioarele şi corpul agresorului. Şi alte erbivore aveau fel de fel de tehnici de apărare în faţa duşmanilor: *Ankylosaurus* avea o armură din oase şi o ghioagă pe coadă. Unele aveau scuturi uriaşe, îşi foloseau capul ca un berbec sau aveau chiar degete ca nişte cosoare, cu care-i puteau împunge pe agresori.

Plăcile osoase de pe spatele unui *Stegosaurus* (în traducere: „şopârla cu acoperiş“) puteau avea şi peste o jumătate de metru înălţime. Coada puternică era probabil controlată de la măduva spinării până în zona pelvisului. Dinozaurul avea acolo o cavitate mare. Unii cercetători presupun că în aceasta se afla un mănunchi de nervi care dădeau comenzi diferitelor părţi ale corpului său.

Stegosaurus

Lungime: până la 9 metri

Greutate: 2 tone

Hrană: plante

A trăit: între 157-147 de milioane de ani

Descoperit: în 1877, în Colorado/SUA

Particularitate: ţepi ca nişte cuţite în coadă

Ştiai că...

...*Stegosaurus* nu avea dinţi cu care să poată mesteca hrana? Pentru a facilita digestia, înghiţea, probabil, şi pietre. Acestea mărunţeau plantele ingurgitate sau mărunţeau plantele ajunse în stomac. Şmecheria folosită de ei s-a transmis până la animalele care există în prezent, de exemplu unele păsări.

Informații speciale

De ce avea *Stegosaurus* plăcile de pe spate nu e foarte clar nici până în prezent. Asta pentru că asemenea oase gigantice nici măcar nu sunt necesare pentru apărare. Unii cercetători susţin că saurienii îşi reglau cu ajutorul lor temperatura corpului: când le era frig, captau cu ajutorul plăcilor razele soarelui. Căldura din ele era apoi transportată de sânge prin corp. Când dinozaurului îi era prea cald, își rotea plăcile, îndreptându-le împotriva soarelui, iar aerul răcea sângele care curge prin ele. Poate că plăcile aveau şi rol de atribut caracteristic, cu ajutorul lor animalele recunoscând exemplarele din aceeaşi specie. Unii oameni de ştiinţă sunt de părere că e posibil ca masculii de *Stegosaurus* să-şi fi putut colora „podoaba de pe spate" când era prin preajmă o femelă!

Alți saurieni înrudiți:

Euoplocephalus

La aceste rude ale lui *Ankylosaurus*, ***Euoplocephalus***, până şi pleoapele erau întărite cu plăci osoase.

Ankylosaurus

Ankylosaurii au trăit în urmă cu 70-65 de milioane de ani şi cântăreau până la nouă tone. Întregul lor corp era placat cu o armură din plăci osoase groase. În coadă aveau o ghioagă puternică, cu ajutorul căreia puteau zdrobi oasele agresorilor, ca şi cum ar fi folosit un buzdugan.

Kentrosaurus

Kentrosaurus, o rudă a lui *Stegosaurus*, trăia pe teritoriul actual al Africii. Avea însă doar jumătate din greutatea lui *Stegosaurus* şi în partea dinapoi a spatelui, în loc de plăci osoase, avea ţepuşe lungi.

Cum se deplasau ornitopodele?

În Muzeul de Istorie Naturală Senckenberg, din Frankfurt, *Iguanodonul* stă confortabil pe toate cele patru picioare.

Pentru primii paleontologi, nu a fost uşor. Când englezul Gideon Mantell le-a arătat colegilor săi, în anul 1825, *Iguanodonul*, avea doar câţiva dinţi ai reptilei necunoscute. Pe baza acestei descoperiri, a început să se lege totul: cu ce se hrănea dinozaurul sau ce mărime avea. Mantell era de părere că acesta ar avea lungimea de peste 18 metri! În prezent, *Iguanodonul* este unul dintre dinozaurii cercetați cel mai mult. Oamenii de ştiinţă au dezgropat numeroase schelete ale acestui erbivor şi au constatat că acesta nu inspiră chiar atât de multă teamă cum credea Mantell. De exemplu, nu avea o ţeapă pe nas şi nu avea mai mult de opt metri lungime. Unii cercetători susţin chiar că, în cretacic, *Iguanodonii* se adunau în turme ca vacile şi rumegau cât era ziua de lungă. Totuşi, *Iguanodonul* nu era nici pe departe un plicticos, pentru că avea câteva „talente": putea mărunţi cu dinţii săi foarte bine hrana, iar pentru a o digera nu era nevoit să înghită pietre, ca alţi dinozauri. El se putea plimba tacticos în patru labe când păştea plante de pe sol sau se putea ridica pe membrele posterioare când era nevoit să fugă. Deoarece *Iguanodonul* lăsa pe sol în urma sa amprente cu trei degete, de genul celor lăsate de picioarele de pasăre, cercetătorii îl încadrează în grupul ornitopodelor. Când se apropia de el un agresor, dinozaurul se putea ridica pe membrele posterioare şi-l putea împunge în gât cu degetul său mare și ascuţit. Astfel, devenea el însuşi un saurian mare şi periculos.

Iguanodon

Lungime: 8 metri

Greutate: 5 tone

Hrană: plante

A trăit: în urmă cu 139-113 de milioane de ani

Descoperit: în 1822, în Anglia

Particularitate: os de forma unui cosor la degetul mare

Două alimente preferate de dinozauri: ferigi-palmier şi crenguţe de conifere. →

Ce mânca *Iguanodonul*?

Iguanodonul era foarte priceput la procurarea hranei. Când vedea pe sol coada-calului, se lăsa pe membrele anterioare şi le rupea cu ciocul. Dacă avea poftă de ferigi-palmier sau conifere, se ridica pe membrele posterioare şi trăgea spre el cu degetele abile crengi, pentru a se delecta mărunţindu-le şi mestecându-le. Consuma şi părţile dure ale plantelor. Dacă incisivii se uzau, creşteau la loc – la fel ca la toţi dinozaurii.

Câte degete avea la membrele posterioare *Iguanodonul*? După urmele pietrificate ale labelor sale: trei!

Ce aflăm din aceste urme?

Din urmele de picior, cercetătorii pot afla o mulţime de lucruri despre dinozauri. Forma urmei arăta ce animale au cutreierat zona. Lungimea şi adâncimea urmei acesteia pot trăda mărimea şi greutatea saurianului. Iar pe baza distanţei dintre paşi, cercetătorii puteau aprecia în ce ritm se mişca acesta.

Cum se formează urmele de paşi:

① Dinozaurul aleargă prin noroi şi lasă amprente în urma sa. Noroiul se usucă.

② Apa depune particule mici, aşa-numitele sedimente, peste amprenta fermă.

③ În milioane de ani se suprapun mai multe straturi. Sedimentele se pietrifică, iar urma se păstrează.

④ Un paleontolog descoperă straturile şi dezgroapă urmele de paşi de dinozaur.

Erau saurienii părinți buni?

Multă vreme, cercetătorii au crezut că dinozaurii erau părinţii extrem de răi, că femela depunea ouăle, iar apoi se făcea rapid nevăzută – aşa cum fac multe broaşte-ţestoase – şi că adesea nici nu ştiau că puii lor erau mâncaţi de alte animale. La mulţi dinozaurii aşa şi era. Totuşi, printre reptile existau şi părinţi iubitori. În 1978, cercetători din statul american Montana au descoperit un loc de cuibărit al *Hadrosaurilor* (în limba română: „saurianul cu cioc de raţă"). În cuiburi rotunde, cu diametrul de doi metri, erau ouă şi oase ale puilor de dinozaur şi ale părinţilor acestora. Existau urme pietrificate ale unor plante mestecate şi regurgitate, ba chiar şi dinţi ai micuţilor, care se uzaseră. Prin urmare, dinozaurii cloceau în grupuri. Părinţii îşi încălzeau micuţii după eclozare, le aduceau hrană în cuib şi-i apărau împreună de agresori. Deoarece cercetătorii din Montana au fost atât de entuziasmaţi de dinozaurii găsiţi, i-au denumit *Maiasaura*. Asta înseamnă în traducere „şopârla mamă bună ".

Informații speciale

Dinozaurii depuneau ouă în care creşteau puii lor. Formele din calcar erau adevărate minuni ale naturii: coaja lor dură (1) îi proteja de duşmani, de razele Soarelui şi de bacterii. În acelaşi timp, coaja avea orificii minuscule, care permiteau intrarea aerului şi ieşirea dioxidului de carbon expirat. Exista o „cămară" internă, numită gălbenuş (2), ale cărei substanţe nutritive hrăneau puiul aflat încă în ou. Iar albuşul (3) lichid avea efect de amortizor şi atenua vibraţiile. Deşi aproape de necrezut, până şi forma oului are un sens: dacă forma ovală este împinsă o dată, ea se rostogoleşte pur şi simplu în cerc, deci nu ajunge prea departe de cuib.

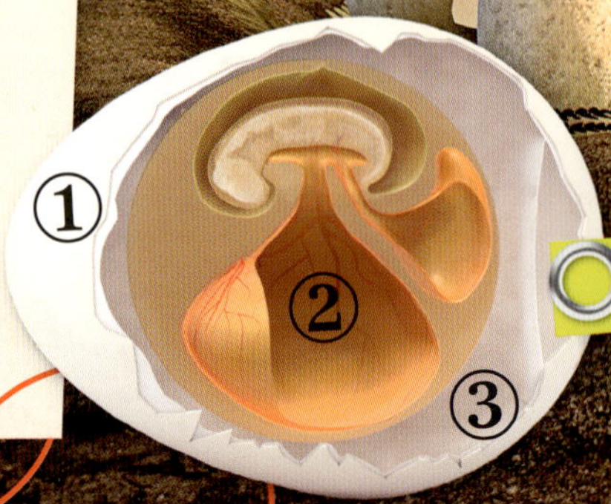

secțiune transversală printr-un ou de găină

Cum scoteau Hadrosaurii sunete?

Saurienii cu cioc de raţă nu aveau doar mulţi dinţi, ci unii dintre ei aveau şi o podoabă capilară neobişnuită: creste osoase mari, care puteau lua toate formele posibile şi uneori chiar se colorau. În mod normal, crestele serveau la căutarea unei partenere. La *Parasaurolophus,* forma era goală în interior. Când trecea aerul prin ea, putea produce sunete, ca la un instrument de suflat. Cercetătorii sunt de părere că e posibil ca dinozaurul să-şi fi avertizat cu aceste sunete tovarăşii de ivirea unui pericol.

Maiasaura

Lungime: 7 metri

Greutate: 2–3 tone

Hrană: plante

A trăit: în urmă cu 80-72 de milioane de ani

Descoperit: în 1978, în Montana/SUA

Particularitate:
ciocul şi dinţii ca o răzătoare

În cuiburile descoperite de *Maiasaura* erau aproximativ 20 de ouă ovale. Printre ele, paleontologii au găsit şi ouă depuse cu mult timp în urmă. Se presupune că animalele veneau să depună ouă mereu în acelaşi loc.

ouă pietrificate de dinozaur

În Muzeul de Istorie Naturală Senckenberg, din Frankfurt, poţi vedea şi în prezent ouă de dinozaur pietrificate. Majoritatea au 20-30 de centimetri lungime, nu cu mult mai mari decât ouăle de struţ. Există un motiv temeinic pentru asta: dacă ouăle ar fi fost şi mai mari, coaja lor ar fi trebuit să fie şi ea mai groasă pentru a nu se sparge. Printr-o coajă groasă ar fi pătruns însă mai puţin oxigen, iar embrionul din ou s-ar fi sufocat. Până şi uriaşii *Brachiosauri* erau la eclozare relativ micuţi.

Pentru ce-i trebuia lui *Triceratops* scutul?

Dacă ai fi trăit în urmă cu 68 de milioane de ani pe teritoriul actual al Americii de Nord, ai fi putut privi un spectacol extraordinar: pretutindeni cutreierau cirezi de coloşi pe uscat. Unii se deplasau cu capul plecat şi smulgeau cu ciocul plante din pământ. Alţii rupeau frunze din copaci şi trăgeau ajutându-se de coarne crengile în jos, pentru a le mărunţi cu dinţii ascuţiţi ca niște cuţite. În acest moment, *Triceratops* stăpânea continentul.

Niciun alt dinozaur nu era atât de bine înzestrat pentru atacuri: ceafa reptilei era protejată de un scut din os care măsura un metru, iar pe craniu avea trei coarne care inspirau spaima. Când se ivea un pericol, grupurile de *Triceratops* formau un cerc şi adunau puii în mijloc.
În faţa acestui zid de coarne şi scuturi, majoritatea atacatorilor se retrăgeau rapid.

Triceratops

- **Lungime:** 9 metri
- **Greutate:** 5 tone
- **Hrănire:** plante
- **A trăit:** în urmă cu 68-66 de milioane de ani
- **Descoperit:** în 1888, în Wyoming/SUA
- **Particularitate:** scut de apărare

Cum trăiau „dinozaurii giganți“?

Mulţi dinozauri au fost giganţi. Cu toate acestea, dinozaurii cu gâtul lung, sauropodele, au bătut toate recordurile. Giganticul *Argentinosaurus*, de exemplu, avea aproape lungimea unui teren de handbal şi cântărea 80 de tone – adică de 15 ori mai mult decât un elefant! Sub burta sa s-ar fi putut plimba lejer o turmă de rinoceri. Alţii, cum ar fi *Giraffatitan*, erau atât de înalţi, încât ar fi putut ajunge la florile de pe balcoanele etajului 4 al unui bloc. De ce au devenit animalele atât de uriaşe? Se presupune că în preistorie animalele mari erau mai în siguranţă decât animalele mai mici. Pentru că pretutindeni era plin de carnivore, cum ar fi *Alozaurul*, care pândeau prada. Pentru dinozauri, imediat după naştere, intra în vigoare următorul dicton: creşteţi cât mai repede! Iar la asta sauropodele erau extrem de pricepute! Ca o grupă de secerătoare, cutreierau uscatul şi se îndopau neobosit cu coada-calului, ferigi şi crenguţe de conifere. Animalele adulte mâncau mai multe sute de kilograme de plante pe zi. La naştere însă, dinozaurii cu gâtul lung erau micuţi ca nişte iepuraşi.

În mezozoic, existau sauropode pe toate continentele. În cirezile lor se trăia confortabil. Când un *Diplodocus* tropăia în patru labe prin zonă, el nu era mai rapid decât un om ieşit la plimbare. Nici nu era nevoie să se deplaseze mai repede. Dinozaurii îşi puteau balansa gâturile lungi ca un furtun de aspirator – şi astfel păşteau de pe loc pe suprafeţe uriaşe de jur împrejur.

Mărimea creierului era aproximativ egală cu conţinutul unei ceşti de ceai.

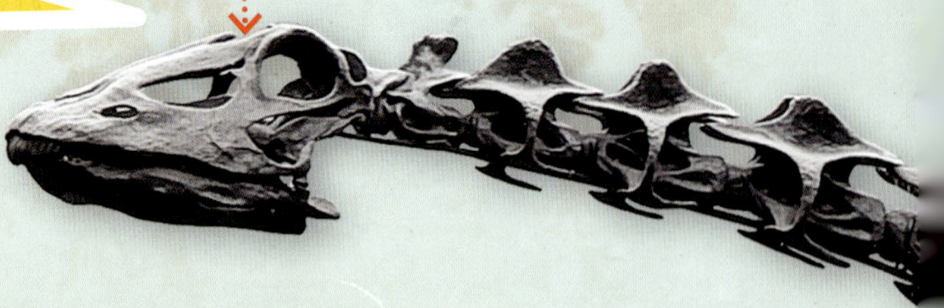

Construcţie uşoară – capul minuscul
Un gât lung prezintă un mare dezavantaj: greutatea lui îl trage puternic în jos. De aceea, sauropodele nu aveau capul foarte greu. Ele aveau doar muşchi masticatori mici şi uşori, care erau suficienţi pentru a ajuta dinţii micuţi cu care smulgeau plantele. Măselele grele, folosite pentru mestecat, le lipseau. Pentru că aveau burţi mari cu organe digestive lungi, dinozaurii nici nu aveau nevoie de ei pentru că înghiţeau, pur şi simplu, plantele rupte pe de-a întregul.

Gâtul – „furtun de aspirator" – poate fi balansat
Deoarece la o greutate de 30 sau 50 de tone fiecare pas necesita un consum considerabil de energie şi, în plus, sauropodele se puteau supraîncălzi cu uşurinţă în urma suprasolicitării, ele se deplasau cât mai puţin posibil. Pentru a mânca, nu făceau decât să balanseze gâtul lung – ca în cazul unui aspirator la care mişti doar furtunul. Pentru ca gâtul să nu tragă prea mult în jos, era extrem de uşor: la *Diplodocus,* vertebrele coloanei erau ciuruite de găuri ca un şvaiţer. Acestea erau pline de aer. Totuşi, cum de rămânea tubul lung stabil? De asta se ocupau coastele cervicale: oasele subţiri de sub vertebre erau legate cu ţesut conjunctiv. Astfel, gâtul căpăta un suport stabil. Cu ajutorul aceluiaşi truc se construiesc în prezent şi macaralele uşoare.

Interviu cu dr. Martin Sander, paleontolog

Dr. Martin Sander este profesor de paleontologie la Universitatea din Bonn. Începând din anul 2004, conduce un grup format din specialiști din mai multe domenii care cercetează sauropodele.

Niciun alt animal terestru nu a fost la fel de mare ca acestea. Care este secretul lor?
Mărimea avea mai multe cauze, dar una dintre cele mai importante era construcția ușoară. Sauropodele făceau în întregul lor organism economie de greutate, de exemplu în cazul oaselor. Acestea erau pneumatice, adică erau umplute cu aer. Astfel, animalele se puteau mișca mai bine și consumau mai puțină energie. Ca să spun așa, asta era deja un subterfugiu: sauropodele li se înfățișau dușmanilor ca fiind extrem de masive, dar aveau o structură ușoară, aproape ca a păsărilor existente în prezent.

Cât de multă hrană mânca un saurian pe zi?
Nu foarte mult. Câteva sute de kilograme de plante erau de-ajuns, nu cu mult mai mult decât mănâncă un elefant. Evident, și gâtul lung al dinozaurilor îi ajuta să economisească energie. Cu ajutorul lui puteau paște de pe suprafețe mari, fără a fi nevoiți să se deplaseze. Probabil că se deplasau doar vreo două sute de metri pe zi.

Inteligent. Dar de ce nu a dezvoltat niciun mamifer oase atât de ușoare și gâtul lung și nu a ajuns la lungimea de 30 de metri?
Datorită următoarelor două diferențe dintre dinozauri și mamifere: mai întâi, sauropodele nu-și mestecau hrana. Doar o rupeau și o înghițeau nemestecată. De aceea nu aveau nevoie de dinți mari și musculatură mai deloc. Mamiferele, dimpotrivă, mestecă mâncarea, iar dintre ele erbivorele o fac chiar foarte temeinic. De aceea, cu cât au nevoie de mai multă hrană, capetele lor devin din ce în ce mai mari. Elefanții au cranii uriașe. Capul unui mamifer care ar avea mărimea unui *Diplodocus* ar trebui să fie atât de enorm încât animalul nu l-ar putea duce.

Şi care este a doua diferenţă?
În al doilea rând, pe sauropode le ajuta faptul că depuneau ouă. Ouăle sunt întotdeauna relativ mici. Pe această cale, saurienii puteau avea mulți copii, indiferent cât de mari erau. La mamifere e altfel. Cu cât sunt mai mari, cu atât mai mari sunt și odraslele lor și cu atât mai puține. Sarcina la mamele elefant durează aproape doi ani. Un mamifer și mai mare ar avea atât de puțini pui încât specia i s-ar stinge.

Ce v-ar mai plăcea să aflați despre sauropode?
Mi-ar plăcea să știu cum puteau trăi uriașele animale având un creier atât de minuscul. La uriașul *Diplodocus,* acesta avea mărimea de numai două sute de milimetri cubi – corespunde conținutului unei cești de cafea. Pentru ca un creier atât de mic să poată avea o asemenea putere, trebuie să fi funcționat altfel decât la mamifere. Poate ca la păsări, care rezolvă cu căpșoarele lor mici probleme complicate.

Ce-i făcea pe giganți invincibili?

Multă vreme, sauropodele au fost nişte enigme pentru paleontologi. Cum puteau trăi uriaşele animale pe uscat fără să se prăbuşească sub greutatea lor? Şi cum reuşeau să mănânce suficient pentru a asigura necesarul de substanţe nutritive pentru corpurile lor care cântăreau mai multe tone? La urma urmei, elefantul se hrăneşte 17 ore pe zi, iar în comparaţie cu un *Argentinosaurus* sau un *Diplodocus,* ar putea fi considerat, pe bună dreptate, un pitic. În ultimii ani, cercetătorii au studiat sub lupă dinozaurii de la cap şi până la tălpi şi au făcut descoperiri uluitoare. Uluitorii uriaşi aveau, de fapt, o structură migăloasă. Să o vedem, de exemplu, la un *Diplodocus*:

În Muzeul de Istorie Naturală Senckenberg, din Frankfurt, se află, începând din anul 1907, scheletul original al unui *Diplodocus* de 18 metri lungime – într-o postură care nu mai corespunde cunoştinţelor actuale. În prezent se ştie: uriaşii nu se deplasau făcând paşi atât de mari.

Plămânul cu respiraţie dublă
Pentru a transporta suficient aer prin gâtul lung până în plămâni, sauropodele foloseau un sistem elaborat. Spre deosebire de noi, oamenii, aceştia inspirau şi expirau de câte două ori, până ce aerul ajungeau de la gură până în plămâni şi înapoi afară: ① La prima inspiraţie, aerul intra până în alveolele care se aflau în zona anatomică posterioară. ② La prima expiraţie, aerul ajungea până în plămâni. ③ La a doua inspiraţie, acesta curgea din plămâni până în alveolele frontale, ④ de unde la a doua expiraţie urmau drumul înapoi până în gură şi nas.

Informații speciale

Când paleontologii studiază alimentația unui dinozaur, îi examinează mai întâi dinții:

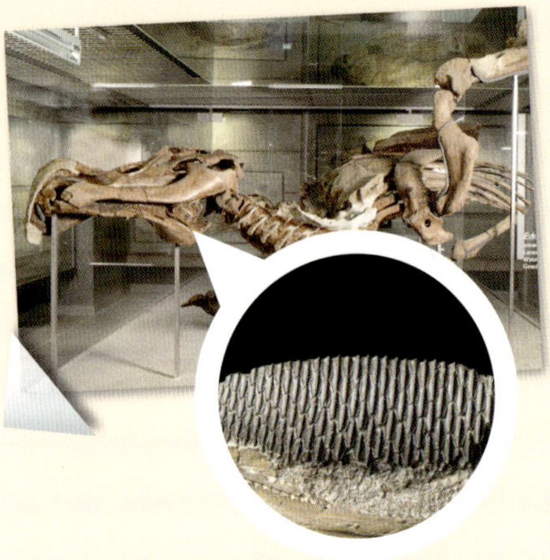

Edmontonia avea până la 2 000 de măsele plate. Cu această „răzătoare“, erbivorele pisau foarte bine frunzele.

Măselele de ***Triceratops*** se aseamănă cu foarfecile. Cu ajutorul lor putea tăia fără dificultate chiar şi plante mai dure.

Carnosaurii ca ***Tyrannosaurus*** aveau canini ascuţiţi, cu care puteau rupe bucăţi mari de carne.

Alți saurieni înrudiți:

Oamenii de ştiinţă de la Muzeul de Istorie Naturală Senckenberg, din Frankfurt, au reconstruit un ***Psittacosaurus*** (în traducere: „şopârla-papagal“). Până şi micuţul drăgălaş era o Ceratopsidă, înrudit cu uriaşul *Triceratops*.

Pachycephalosaurus
Înrudit cu *Triceratops*, era cel mai mare dinozaur cu craniul dur. Umflătura osoasă de pe craniul lui putea ajunge până la 25 de centimetri grosime. Cu această platoşă, dinozaurul îşi apăra teritoriul împotriva intruşilor.

Probabil că şi cercetătorii s-au speriat când au descoperit, în 2004, primul ***Dracorex***. Craniul reptilei era acoperit în totalitate de ţepi! Numele întreg era „Dracorex hogwartsia“, ceea ce înseamnă „regele-dragon din Hogwarts“. Evident, descoperitorii lui erau mari iubitori ai seriei de filme cu Harry Potter.

Cei mai mari dintre ei aveau însă, după 10 ani deja, greutatea de cel puţin 20 de tone. Aceasta înseamnă de peste 1 000 de ori mai mult decât greutatea la naştere! În asemenea munţi de carne, până şi *Tyrannosaurus rex* îşi rupea colţii. În jurasic şi cretacic, nu putea ameninţa nimeni sauropodele.

Diplodocus

Lungime: 25 metri
Greutate: 15 tone
Hrană: plante
A trăit: în urmă cu 157-145 de milioane de ani
Descoperit: în 1878, în SUA
Particularitate: gât de tip furtun de aspirator

Ştiai că...

...pe vremea dinozaurilor, clima era mult mai caldă decât în prezent? Cercetătorii englezi sunt de părere că acest lucru s-ar fi putut datora şi sauropodelor, sau mai bine spus excrementelor lor. Pentru că atunci când dinozaurii digerau plantele pe care le îngurgitau zilnic în cantităţi uriaşe, în stomacurile lor se produceau cantităţi enorme de gaz metan, care ajungea apoi în aer. Metanul captează radiaţia termică şi o păstrează în atmosferă. Aproape ca o plapumă care înconjoară Pământul. Cu fiecare mic dejun al dinozaurilor, clima devenea puţin mai caldă.

Giraffatitanul este un reprezentant al brahiozaurilor. Odinioară, acesta era denumit *Brachiosaurus*.

Care era cel mai mare?

În anul 2014, o ştire i-a entuziasmat la culme pe iubitorii de dinozauri. În Argentina, paleontologii au găsit resturi ale unui sauropod uriaş, care a fost apreciat ca având lungimea de aproximativ 40 de metri şi înălţimea de 20 de metri. Acesta avea incredibila greutate de 80 de tone – cam cât 14 elefanţi. Ulterior, cercetători din întreaga lume s-au întrebat dacă acest nou gigant chiar este cel mai mare dintre dinozaurii mari. Răspunsul la această întrebare nu e foarte simplu. Problema este că, în cazul celor 150 de specii de sauropode descoperite până în prezent, cercetătorii nu au găsit scheletele întregi, ci doar câteva oase, de exemplu de la un Sauroposeideon s-au găsit patru vertebre lungi ale gâtului, de la un Puertasaurus – o vertebră a spatelui, extrem de lată. Pe baza acestor descoperiri, cercetătorii au fost nevoiţi să deducă prin calcule mărimea şi greutatea dinozaurilor, ceea ce a reprezentat o sarcină incomodă. Şi mai enigmatic a fost cazul lui *Amphicoelias fragillimus.* De la aceste legendare sauropode, paleontologul Edward Drinker Cope a dezgropat în 1877 o vertebră care i se potriveşte unui animal cu lungimea între 40 şi 60 de metri! Totuşi, osul s-a pierdut prosteşte pe drum spre muzeu. Nu avem până acum nicio dovadă a existenţei acestui megadino. Dacă îţi imaginezi câţiva dintre cei mai cunoscuţi dinozauri cu gâtul lung, gândeşte-te la faptul că lungimea şi greutatea sunt adesea aproximate.

Specie de sauropod	Lungime/Metri	Greutate/Tone
Diplodocus	27	15
Puertasaurus	40	80
Argentinosaurus	35–40	80
Giraffatitan	26	25
Supersaurus	30–35	35

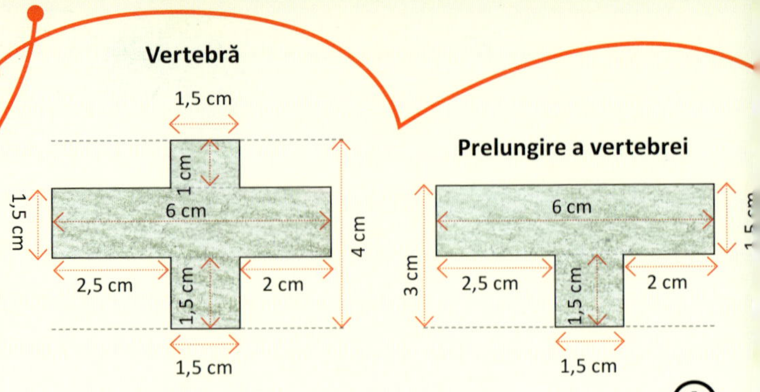

Încearcă şi tu! Construieşte o coadă de dinozaur

Ai nevoie de:
- foarfecă • carton • şase cleme
- bandă adezivă transparentă • sfoară

Cum se face:

1. Decupează din carton câte 8 „vertebre" şi 8 „prelungiri de vertebre" ca în schiţa (A). Fiecare vertebră are lungimea de 6 centimetri şi înălţimea de 4 centimetri. Fiecare prelungire de vertebră are lungimea de 6 centimetri şi înălţimea de 3 centimetri.
2. Fă în lateralele vertebrei câte un orificiu şi prinde-le, două câte două, cu câte o clemă (B). Astfel se formează un lanţ de vertebre, relativ instabil (C). Dacă ar fi avut sauropodele asemenea cozi, acestea ar fi măturat solul.
3. Acum lipeşte cu bandă adezivă partea de jos a prelungirilor vertebrelor de vertebre şi prelungirile între ele acolo, unde se suprapun (D).
4. Pune acum sfoara pe dos, la marginea superioară a lanţului de vertebre şi lipeşte-o şi pe aceasta cu bandă adezivă (E).

Ce observi?
Ca poziţie, coada este la fel ca în figura (C), dar acum este categoric mai stabilă. O poţi ţine orizontal, fără ca ea să atârne. La fel era în cazul dinozaurilor uriaşi.

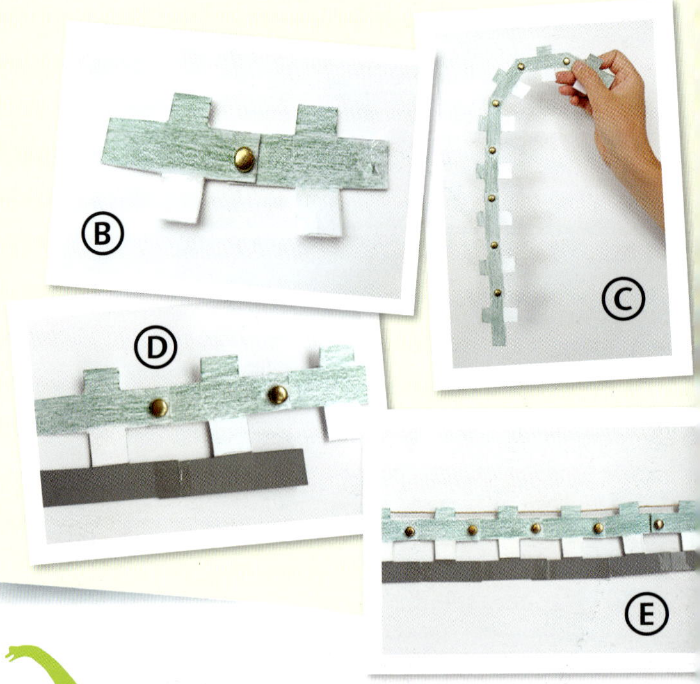

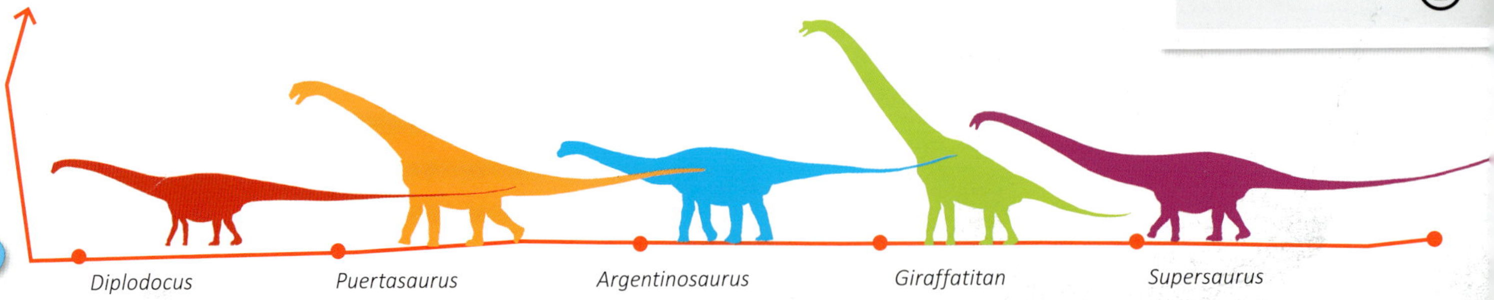

Podul Golden Gate

Coloană de tip pod suspendat
Coloana vertebrală trebuia să susţină aproape întregul corp uriaş al sauropodelor. Pentru a nu ceda sub greutatea lor de mai multe tone, aceasta era construită ca un pod: în partea de sus a coloanei existau prelungiri. La capătul de sus al acestor „stâlpi" era întins un ţesut ca un fel de funie. Acesta împiedica îndoirea prea puternică a coloanei vertebrale.

coada-calului

Stomacuri de mare putere
Pe vremea sauropodelor, încă nu exista iarbă. Erbivorele erau nevoite să se hrănească cu frunze, conifere, ferigi şi coada-calului. Pentru cercetători, procesul de hrănire al acestora a fost multă vreme o enigmă, deoarece toate aceste plante erau considerate prea puţin hrănitoare pentru a furniza unui corp atât de greu suficiente substanţe nutritive.
Apoi zoologul Jürgen Hummel, din Bonn, „a construit" un fel de dino-stomac: el a amestecat verdeţuri într-un vas cu bacterii şi a observat cât de mult gaz produc organismele. Astfel a putut aprecia cantitatea de energie înmagazinată în plante. Rezultatul: la stomacul potrivit, era şi mâncarea potrivită. Evident, uriaşii puteau trăi bine cu această „dietă".

Coadă de tip undiţă
În imaginile mai vechi, cozile de sauropod arată adesea ca nişte benzi elastice din cauciuc: sunt îndoite formând o buclă, stau ridicate în sus sau se unduiesc, schimbându-şi direcţia. Între timp, cercetătorii s-au lămurit: asemenea impulsuri nu ar fi căpătat nicicând dinozaurii. Pentru că, pentru a face economie de muşchi şi de greutate, vertebrele cozii erau legate în partea de sus cu tendoane. În partea de jos o susţineau adesea prelungiri osoase. Astfel, coada devenea mai stabilă, aproape la fel ca o undiţă. Totuşi, uriaşii o puteau folosi în mai multe feluri: de exemplu ca prăjină pentru echilibristică, pentru a nu se răsturna în faţă, sau ca armă cu care-şi loveau agresorii. Uneori, poate chiar drept cârjă. Sauropodele, cum ar fi *Diplodocus,* se sprijineau probabil în ea, când se ridicau în două labe pentru a ajunge la hrana aflată la o înălţime mai mare.

Ce-l făcea pe *Tyrannosaurus rex* atât de înfricoşător

Dintre toţi dinozaurii, *Tyrannosaurus rex* (în traducere: „regele şopârlelor-tiran“) are cea mai proastă reputație. În cărţi şi filme este, de cele mai multe ori, reprezentat ca o adevărată maşină devoratoare care-i sperie şi îi terorizează pe toţi. Când vezi scheletul lui la muzeu, ţi se face şi acum pielea de găină: având 13 metri lungime şi o greutate de şapte tone, acest vânător era mai puternic decât un elefant. Din botul său gigantic ieşeau dinţi în formă de pumnal, de 15 centimetri lungime, cu care-şi apuca şi sfâşia în bucăţi prada.

În afară de asta, carnivorul avea simţuri foarte dezvoltate: adulmeca prada în aer de la distanţe mari. Iar ochii săi erau amândoi orientaţi în faţă, astfel încât câmpurile lor vizuale se suprapuneau. În consecinţă, când vâna, *Tyrannosaurus rex* avea mereu sub ochi prada şi putea aprecia foarte bine distanţa.

Era, deci, vânătorul perfect?

Nu tocmai. Cercetătorii au descoperit şi puncte slabe ale dinozaurului: de exemplu, colosul nu era extraordinar de rapid şi îşi pierdea rapid suflul când alerga. La vârste tinere, era destul de fragil. Până împlinea 14 ani, un tânăr *Tyrannosaurus rex* abia dacă ajungea la 300 de kilograme şi era nevoit să vâneze în grup pentru a prinde prada. Abia după aceea creştea în înălţime şi acumula zilnic până la două kilograme, până ce ajungea ca la vârsta de 20 de ani să aibă statura sa impunătoare. La scurt timp după aceea începea deja declinul deoarece, ca şi crocodilii, şi aceşti dinozauri continuau să crească până la moarte – în principal în lăţime. La vârste mai înaintate îşi pierdea probabil din mobilitate şi nu mai putea doborî animale vii. Cercetătorii presupun că vânătorul, odinioară temut, ajungea să se hrănească cu cadavre, devenind necrofag.

Dinozauri înrudiţi cu acesta

Tarbozaurul

În cretacic, *Tyrannosauridele* nu cutreierau pământul doar în America de Nord, ci şi în China şi în Mongolia. Unul dintre ei este *Tarbozaurul* (în traducere: „şopârla care insuflă teama“) care, având o lungime de 12 metri, ajungea aproape la înălţimea lui *Tyrannosaurus rex*. În orice caz, arăta mult mai rău decât ruda sa. Cercetătorii presupun că datorită poziţiei ochilor săi nu putea percepe mediul său înconjurător.

Yutyrannus huali

Unele *Tyrannosauride* aveau corpul acoperit cu pene. Cel mai mare dintre ei, *Yutyrannus huali*, îşi urmărea prada în urmă cu 130-123 de milioane de ani pe teritoriul actual al Chinei. În traducere, numele său este „frumosul tiran cu pene“.

Dilong

Până în prezent, în China, au fost descoperite patru schelete ale acestui *Tyrannosaurus rex* pitic. *Dilongul* era de mărimea unui câine şi a trăit în urmă cu 136-131 de milioane de ani. Spre deosebire de rudele sale care au apărut mai târziu, acesta avea în continuare braţe mai lungi, cu trei degete.

Tyrannosaurus

Lungime: 13 metri

Greutate: 7 tone

Hrană: carne

A trăit: în urmă cu 68-65 de milioane de ani

Descoperit:
în 1902, în SUA și Canada

Particularitate: dinți în formă de pumnal

Știai că...

...atunci când *Tyrannosaurus rex* era în floarea vârstei, forța mușcăturii sale era maximă? Comparându-l cu crocodilii, cercetătorii au calculat că presiunea exercitată de colții săi era echivalentă cu greutatea a trei autovehicule! Astfel reușea să rupă singur femururi groase, mărunțindu-le până se transformau în așchii.

În urmă cu aproximativ 68-65 de milioane de ani, *Tyrannosaurus rex* cutreiera teritoriul actualei Americi de Nord și vâna dinozauri cu cioc de rață. Deși este atât de renumit, le ridică cercetătorilor în continuare semne de întrebare. De exemplu, nimeni nu știe cum se înțelegea cu celelalte exemplare din aceeași specie sau ce culoare avea pielea sa, ori ce făcea cu brațele sale extrem de scurte, cu care abia dacă-și putea atinge capul.

Care era cel mai mare carnosaur?

Tyrannosaurus rex a fost cel mai renumit vânător preistoric. Totuşi, mulţi alţi carnosauri răspândeau la fel de multă teamă. În urmă cu 150 de milioane de ani, în America de Nord, Alozaurul lung de 12 metri urmărea alţi saurieni. În Africa, *Eocarcharia dinops* îşi sfâşia prada cu dinţii săi ascuţiţi ca nişte cuţite, iar în America de Sud până şi uriaşele sauropode tremurau în faţa lui *Giganotosaurus*: un carnozaur cu lungimea de 14 metri, al cărui craniu avea înălțimea unui om adult! De ce erau carnosaurii atât de mari? Era un fel de concurs: erbivorele, adică prada lor, îşi perfecţionau în permanenţă metodele de apărare. Le creşteau platoşe sau cozi ca nişte ghioage, ori creşteau în dimensiuni, ca de exemplu sauropodele, transformându-se în adevăraţi uriaşi. Pentru a doborî un asemenea adversar, agresorii trebuiau, la rândul lor, să devină mai puternici, să aibă un bot mai mare, muşchi masticatori mai puternici şi dinţi mai ascuţiţi sau să vâneze în grup. Într-o carieră de piatră din statul american Utah, paleontologii au găsit oase de sauropod, laolaltă cu oase de Alozauri mai tineri şi mai bătrâni. Probabil că singuraticii au format o echipă pentru a doborî uriaşul dinozaur.

Ştiai că...

...atunci când marii carnosauri plecau în căutarea prăzii, foloseau diferite tehnici? În timp ce Tyrannosaurus îşi apuca prada cu dinţii şi o scutura încolo şi încoace, *Alozaurul* dobora animalele ca un şoim: le lovea cu craniul până cădeau la pământ.

Giganotosaurus aparţine grupului carnosaurilor (în traducere „şopârle mâncătoare de carne") şi, datorită lui, în urmă cu 100 de milioane de ani, actualul teritoriu al Argentinei era un loc primejdios. La prima vedere arată aproximativ ca un *Tyrannosaurus rex* – dar, dacă-l priveşti mai atent, există multe diferenţe între ei. De exemplu, creasta zbârcită de pe bot, cele trei gheare de la membrele anterioare *(Tyrannosaurus rex* avea doar două) sau craniul lung şi plat cu care, teoretic, *Giganotosaurus* nu putea muşca la fel de puternic. Experţii cred totuşi că uriaşul era un vânător remarcabil, pentru că avea un miros extrem de fin şi dinţi foarte ascuţiţi.

gheară de Alozaur

Giganotosaurus

Lungime: 14 metri

Greutate: 6 tone

Hrană: carne

A trăit: în urmă cu 100-96 de milioane de ani

Descoperit: în 1995, în Argentina

Particularitate: dinţi ascuţiţi, ca de fierăstrău

Alți vânători uriaşi

Vânător masiv (numele său înseamnă, în traducere, „şopârla de pământ"), *Mapusaurus* făcea ca pe vremea lui *Giganotosaurus* actualul teritoriu al Americii de Sud să fie un teren nesigur. Craniul său creştea mai lung decât al dinozaurilor înrudiţi cu el – se presupune că ajungea până 1,80 metri!

Singurul carnivor cu coarne tropăia în urmă cu 70 de milioane de ani prin Argentina. În comparaţie cu alţi saurieni vânători carnivori, *Carnotaurus* avea un bot mult mai scurt şi un gât destul de lung. Braţele sale erau, dimpotrivă, mai firave decât la *Tyrannosaurus*.

Se hrăneau saurienii şi cu peşte?

Marii carnosauri se asemănau, de obicei, ca aspect: se deplasau pe două picioare, aveau un corp robust şi un bot uriaş, muşchi masticatori puternici şi mâncau cu plăcere alţi saurieni. Totuşi, existau şi alt fel de vânători. Unul dintre cei mai deosebiţi vieţuia în cretacic, prin apele de pe teritoriul actual al Egiptului. *Spinosaurus* avea o lungime de peste 15 metri, deci era mult mai lung decât un *Tyrannosaurus*. Pe spate, avea vertebre ca nişte ţepi, care puteau creşte până la 1,60 de metri şi care erau acoperite de piele, formând un fel de velă. De aici vine şi denumirea de „şopârla cu ţepi". Capul era plat şi aerodinamic, foarte potrivit pentru pescuit. Nici până azi nu s-au găsit răspunsuri la unele întrebări legate de Spinosaurus: de exemplu, dacă avea gheare uriaşe la fel ca rudele sale care prindeau peşte, *Baryonyx* sau *Suchomimus*, sau dacă trăia pe uscat. Când cercetătorii i-au cercetat dinţii, au constat că, după compoziţia acestora, nu pare să fi fost un animal terestru.

Spinosaurus

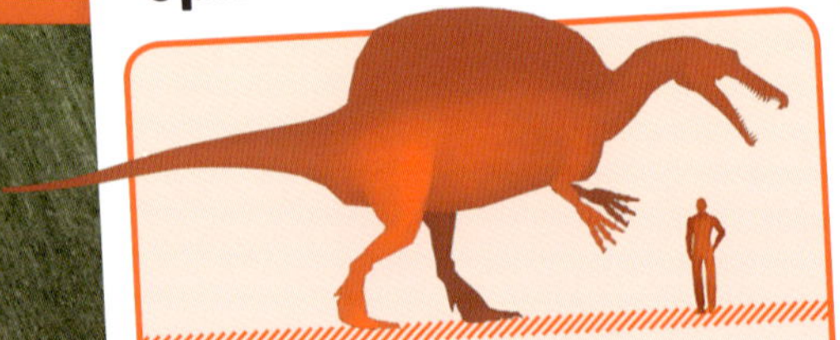

Lungime: 15 metri

Greutate: 6 tone

Hrană: peşte

A trăit: în urmă cu 113-94 de milioane de ani

Descoperire: în 1912, în Egipt

Particularitate: vertebre foarte înalte pe spate

reconstituirea unei fosile a ghearei de *Therizinosaurus*

Informaţii speciale

Deşi ghearele spinosaurienilor, cum ar fi *Suchomimus* sau *Baryonyx*, sunt mari, în comparaţie cu cele ale lui *Therizinosaurus* par aproape minuscule. Dinozaurul care colinda în cretacic prin Asia avea gheare de aproximativ un metru lungime! Cu toate că, se pare, acesta se hrănea exclusiv cu plante. Probabil reptila îşi folosea sabia uriaşă pentru apărare sau pentru a rupe frunzele de pe crengi.

La ce le foloseau vertebrele de pe spate?

Cercetătorii încă nu ştiu prea bine la ce le folosea spinosaurienilor vela de pe spate. Probabil îşi reglau cu ajutorul ei temperatura corpului. Într-o dimineaţă răcoroasă puteau folosi suprafaţa ei ca „instalaţie solară", pentru a-şi încălzi corpul şi a ajunge mai repede în formă, iar la prânz, îşi răceau corpul eliminând excesul de căldură. Poate că vela avea rolul de a-i arăta mai mari, cu intenţia de a-şi speria vrăjmaşii.

Câțiva dinozauri înrudiți

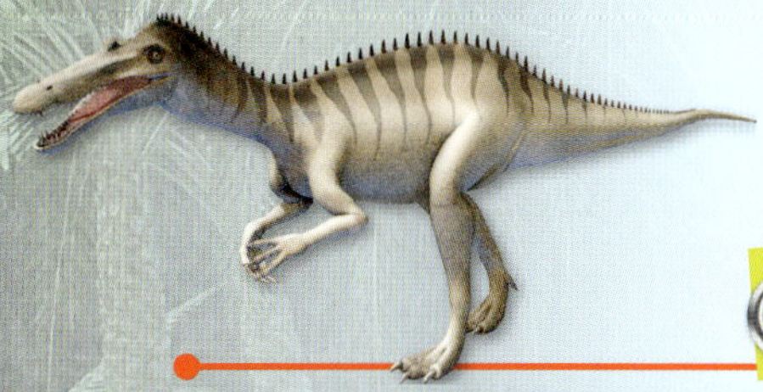

Suchomimus – „imitatorul de crocodili"

Ruda lui *Spinosaurus* a trăit în urmă cu aproximativ 120 de milioane de ani, în Africa. Vela lui de pe spate era vizibil mai mică, însă compensa acest lucru cu ghearele uriaşe de la degetele mari şi cu botul prevăzut cu 100 de dinţi ascuţiţi, ca nişte pumnale. Pentru că le amintea descoperitorilor lui atât de mult de un crocodil, i-au dat această denumire.

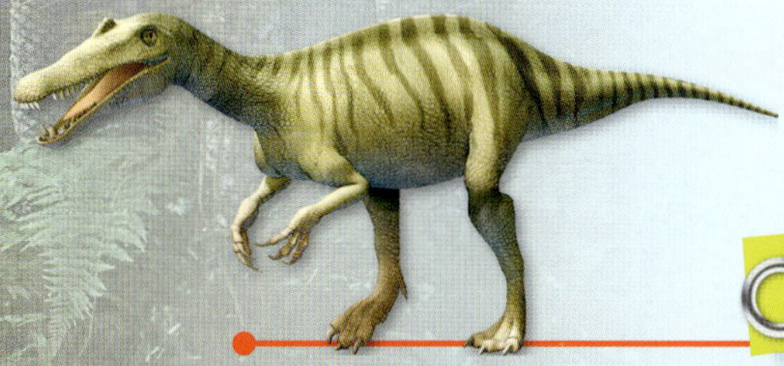

Baryonyx – „gheara grea"

Când paleontolgii l-au descoperit pe *Baryonyx* în 1983, în Anglia, au rămas uluiţi: animalul cu lungimea de nouă metri părea că se deplasa în patru labe, avea bot de crocodil şi gheare uriaşe – la care se adăugau solzi de peşte în stomac. Aşa o descoperire nu se mai făcuse în Anglia niciodată! Abia doi ani mai târziu cercetătorii şi-au dat seama că enigmaticul dinozaur era un văr al lui *Spinosaurus* din Africa.

Irritator – „derutantul"

Pe acest dinozaur, descoperitorii lui l-au botezat *Irritator* deoarece nu şi-au dat seama de la început că e vorba despre un dinozaur. În prezent, se crede că acesta mergea la vânătoare în urmă cu mult peste 100 de milioane de ani, pe malul unui lac din America de Sud, şi pe lângă peşte prindea şi saurieni zburători.

Cum vânau „dinozaurii pitici“?

Nu toţi carnosaurii erau uriaşi şi puternici. Unii erau adevăraţi pitici – cum ar fi *Velociraptorul*. Vânătorul din Asia, cu cele 15 kilograme greutate şi înălţimea de o jumătate de metru, abia dacă era mai mare decât o vulpe. Cum se descurcau asemenea „pitici“ în lumea giganţilor? Foarte simplu: erau mai rapizi decât adversarii lor! În timp ce duşmanii lor care cântăreau mai multe tone tropăiau greoi, *Gallimimus*, unul dintre cei mai supli spinteri, atingea viteze de peste 50 de kilometri pe oră. Astfel, aceştia erau de neatins pentru adversarii lor. Agilul *Velociraptor* se arunca probabil la gâtul sensibil al victimei sale şi rănea, cu ghearele sale ascuţite, căile aeriene sau arterele. Iar dinozaurii inteligenţi, cum ar fi Deinocheirus, atacau în haită, la fel cum procedează hienele în prezent. Dacă ajungeau la pradă, se agăţau cu ghearele de ea şi o străpungeau când o doborau. Împotriva acestor atacatori, multe animale mai mari erau neputincioase.

Ştiai că...

...cel mai mare avantaj al micilor vânători era viteza lor? Cei mai rapizi atingeau aproximativ 60 de kilometri pe oră. Cam cu atât aleargă un struţ. Dar cu aşa ceva rudele lor uriaşe nu se puteau pune.

În desenele siluetelor nu s-au păstrat proporţiile reale.

Ankylosaurus: 6–8 km/h

Triceratops: 30–35 km/h

Tyrannosaurus: 30–40 km/h

Compsognathus: 35–40 km/h

Struthiomimus: 60 km/h

Struţul: 60 km/h

Ghepardul: 110 km/h

Velociraptor

Lungime: 1,8 metri

Greutate: 15 kilograme

Hrană: carne

A trăit: în urmă cu 85-76 de milioane de ani

Descoperit: în 1923, în Mongolia

Particularitate: inteligența

Velociraptor (în traducere: „hoțul iscusit“) a trăit în perioada cretacicului superior, în zona Mongoliei de azi. Cei care l-au descoperit cred că avea pene. El aparține grupului Maniraptora, unii dintre cei mai inteligenți dinozauri.

Informații speciale

Cercetătorii încearcă să stabilească performanța creierelor de dinozaur. Metoda lor: compară mărimea unui animal cu mărimea creierului lui. Cu cât creierul ocupă mai mult loc raportat la greutatea corpului lor, susțin ei, cu atât mai inteligent era dinozaurul. Rezultatul: vânătorii mici, cum ar fi *Troodon*, erau cei mai șireți – aproximativ la fel de „luminați“ ca struțul nostru din prezent. Apoi urmează marii carnosauri, cum ar fi Tyrannosaurus, iar la sfârșitul listei sunt marile erbivore. Nu trebuie să ai prea multă minte ca să molfăi toată ziua frunze. La începutul listei, cercetătorii i-au dat crocodilului „IQ-ul“ 1. Valoarea 5,9 pe care i-au dat-o lui *Troodon* înseamnă că acesta avea de 5,9 ori mai multă minte (creier) decât un crocodil de aceeași greutate cu el.

Cum au dispărut dinozaurii?

Până în urmă cu 65 de milioane de ani, dinozaurii stăpâneau Pământul. Apoi au dispărut brusc cu toţii! Până în prezent, cercetătorii nu au descoperit niciun schelet de dată mai recentă. Care este motivul dispariţiei reptilelor? Majoritatea oamenilor de ştiinţă cred că un asteroid uriaş din Univers, care a lovit atunci Pământul în dreptul Peninsulei Yucatán (Mexic), a declanşat catastrofa. Blocul de rocă cu diametrul de 10 kilometri a produs probabil un puternic val de presiune care a ucis toate animalele pe o rază de mai multe sute de kilometri. Undele de şoc şi incendiile rapide au înconjurat Pământul, iar cantitatea uriaşă de praf ridicată în aer a întunecat cerul. Multe plante nu au mai primit suficientă lumină de la Soare şi s-au ofilit. Erbivorele au murit de foame, iar mai apoi şi carnivorele. Multor altor specii de la acea vreme le-a mers la fel ca dinozaurilor: aproape jumătate din ele au dispărut de pe suprafaţa Pământului. Cele mai mari şanse de supravieţuire le-au avut animalele mici. Ele aveau nevoie de hrană mai puţină decât cele mari şi aveau deja o perioadă mult mai scurtă pentru a face pui. Asta le-a ajutat pe păsări, care se dezvoltaseră din carnosauri, dar şi pe micuţele mamifere de atunci. În absenţa marilor prădători, după catastrofă, aceste specii s-au răspândit în toată lumea.

Simulare computerizată a unei ciocniri cu un asteroid

Cam aşa trebuie să fi arătat catastrofa care a avut loc în urmă cu 65 de milioane de ani: după ciocnirea cu asteroidul, pădurile de pe Peninsula Yucatán au fost cuprinse de flăcări, iar cerul s-a întunecat din cauza milioanelor de tone de cenuşă ridicate de la sol de curenţii de aer. Pentru dinozaurii *Parasaurolophus* care trăiau acolo asta a însemnat o moarte rapidă. Dar nici dinozaurilor de pe alte continente nu le-a mers mai bine. Ei urmau să moară în curând de foame sau din cauza frigului pătrunzător care s-a răspândit ulterior pe întregul Pământ.

Interviu cu dr. Thomas Martin, paleontolog

Dr. Thomas Martin este profesor de paleontologie la Universitatea din Bonn. El cercetează dezvoltarea mamiferelor în preistorie.

Cum arătau mamiferele pe vremea dinozaurilor?

Erau foarte diverse. Existau erbivore și carnivore, care trăiau pretutindeni în lume. În orice caz, aproape toate mamiferele erau extrem de mici. Majoritatea cântăreau doar între 10 și 100 de grame, cam cât un șoarece. Cel mai mare mamifer de pe atunci, *Repenomamus*, cântărea cel mult 15 kilograme. Se pare că acesta ar trăit în perioada cretacicului inferior, în Asia de azi, unde a și fost descoperit (în China).

Strămoșii noștri erau pe atunci la fel de mici?

Da, aceștia erau mici insectivore, care se asemănau ca aspect cu un chițcan. Dintr-un asemenea animal sau dintr-unul asemănător se trag maimuțele și, mai târziu, noi, oamenii.

De ce nu au dispărut și mamiferele în urma catastrofei care a avut loc în urmă cu 65 de milioane de ani?

Nu se știe încă precis, dar probabil că mamiferele era, pur și simplu, mai adaptabile la noua climă, mai rece. Pentru că erau mici, nici nu aveau nevoie de prea multă hrană și, fiind animale cu sânge cald, puteau vâna și noaptea. În plus, puteau mesteca bine și valorifica hrana mai bine. Probabil a fost un avantaj și faptul că nu depuneau ouă, ci nășteau pui vii, deoarece, în felul acesta, la naștere, puii erau mai bine dezvoltați și puteau fi mai bine protejați.

Cum le-a mers mamiferelor după catastrofă?

Câteva milioane de ani, dezvoltarea s-a desfășurat relativ încet, iar mamiferele au rămas mici. Apoi însă au apărut brusc multe specii mai mari, erbivore de mărimea unei vaci, de exemplu. Acestea nu existau mai de mult. În orice caz, mamiferele nu au ajuns niciodată să fie la fel de mari ca dinozaurii. Cel puțin nu pe uscat.

Se poate spune că noi nu am exista astăzi dacă nu ar fi dispărut dinozaurii?

Da, probabil e adevărat.

↑ Unii cercetători sunt de părere că dinozaurii nu au dispărut în urma ciocnirii Pământului cu un asteroid, ci din cauza vulcanilor din Asia, care pe atunci erupeau aruncând în aer cantităţi uriaşe de lavă şi cenuşă. Şi erupţiile vulcanice mai puternice puteau otrăvi aerul şi schimba clima – aproape la fel ca o ciocnire cu un asteroid. Dovezi ale acestei teorii nu există. Este posibil ca dinozaurii să fi dispărut şi în urma unei combinaţii de mai multe catastrofe.

Încearcă şi tu: construieşte un vulcan

La acest experiment cere ajutorul unui adult.

Ai nevoie de:
- 40 grame suc de lămâie
- 40 grame bicarbonat (de la farmacie)
- colorant alimentar roşu
- un mic borcan prevăzut cu capac cu filet
- o şurubelniţă
- un ciocan • o pâlnie
- nisip • apă

Desfăşurarea experimentului:
Cere-i unui adult să facă o gaură în capacul borcanului, folosind şurubelniţa şi ciocanul. Gaura trebuie să fie suficient de mare încât să încapă în ea pâlnia. Pune apoi bicarbonatul şi sucul de lămâie în borcan. Închide capacul prin înşurubare, bagă pâlnia în el şi îngroapă borcanul în nisip (într-un vas mare). Deschiderea pâlniei trebuie să iasă din nisip sub formă de „crater". Colorează apa dintr-un pahar cu colorantul alimentar, toarnă apa în crater şi apoi fă câţiva paşi înapoi.

Ce s-a întâmplat?
Bicarbonatul şi sucul de lămâie reacţionează la apă. Dioxidul de carbon care se produce în urma acestei reacţii presează „lava roşie" să iasă prin crater: erupe vulcanul!

Cum au învățat dinozaurii să zboare?

Multă vreme, micii dinozauri se deplasau doar pe sol. Aveau o piele solzoasă, membre anterioare scurte şi îşi doborau prada cu ajutorul dinţilor ascuţiţi. La un moment dat, o parte din reptile au trecut printr-o incredibilă transformare: au devenit zburătoare firave, care pluteau jucăuş prin aer – şi în cele din urmă au devenit păsările pe care le cunoaştem în prezent.
Cum a fost posibil acest lucru? Cercetătorii nu ştiu încă prea bine. E posibil însă ca transformarea să se fi desfăşurat astfel: mai întâi, solzii de pe piele au crescut la anumite animale în lungime şi au devenit mici fire care acoperea întregul corp şi le ţineau de cald. Pentru că un strat mai dens încălzeşte şi mai bine, firele au devenit cu timpul mai mari şi mai stabile.
Au apărut penele, care erau operaţionale şi în altfel: cei mai uşori dintre dinozauri puteau face cu ele salturi când săreau pe membrele anterioare, sau puteau plana din copaci prin aer până pe sol. Asta ajuta şi la refugierea din faţa duşmanilor. Cea mai mare rată de supravieţuire o aveau saurienii cu muşchii pectorali puternici, pentru că puteau flutura din braţe cel mai bine.
În decursul milioanelor de ani, evoluţia a continuat. În avantaj erau animalele care aveau pene mai bune, care fluturau mai bine din membre şi în primul rând: care aveau o greutate mai mică. Astfel şi-au pierdut dinozaurii părţi ale corpului care deveniseră inutile, cum ar fi coada lungă şi chiar dinţii, până ce au devenit suficient de uşori pentru a se ridica în aer fără greutate. Până în prezent, cercetătorii au opinii diferite legate de momentul când zburătoarele s-au transformat din dinozauri în păsări şi de specia care a reprezentat prima pasăre din istoria planetei.

Yutyrannus

Ştiai că...

...nu toţi dinozaurii cu pene s-au transformat mai târziu în zburătoare? Uriaşi precum *Yutyrannus* sau agilul *Ornithomimus* erau mult prea grei pentru a se ridica în aer. Pentru ei, smocurile de peri coloraţi erau doar un înveliş care-i încălzea sau o podoabă arătoasă, cu care creau impresia când erau în căutarea unei partenere.

Cum s-au dezvoltat penele?

Dinozaurii au reuşit să se ridice în aer abia când au avut pene adevărate. Minunile acestea s-au dezvoltat în milioane de ani, de-a lungul mai multor etape.

Filamentul perilor
Din solzii multor saurieni de pradă au răsărit peri subţiri. Aceste pene primitive nu sunt bune pentru zbor, ele încălzesc corpul şi servesc pentru camuflaj sau ca podoabă.

Smoc
Din peri au crescut cu timpul mici rămurele (barbe), astfel încât penele amintesc oarecum cu brazii. Schimbarea este utilă deoarece un „veşmânt" mai dens înseamnă o apărare mai bună în faţa frigului.

Ax cu barbe
Se formează un ax: un fel de trunchi pe mijloc, din care ies barbe într-o manieră ordonată. Pe barbe cresc barbule mici. Acestea sunt prinse de barbulele alăturate cu nişte cârliguţe, ca într-un fermoar. Structura este mai densă decât a penelor în stadiul precedent. Mai prezintă un avantaj: alcătuiesc o suprafaţă stabilă.

Pene asimetrice, pentru zbor
De acum, mai e doar un pas mic: pe o parte, barbulele cresc mai lungi, iar pe cealaltă, mai scurte. Acest „profil de suprafaţă portantă" permite ascensiunea, când aerul curge pe lângă ele. Asemenea pene pentru zbor au şi păsările din ziua de azi.

pene păstrate
în chihlimbar

Informaţii speciale

Până nu de mult, specialiştii puteau cerceta doar penele de dinozauri de pe schelete pietrificate, ca în cazul lui *Archaeopteryx* din Solnhofen. De cele mai multe ori, din structuri nu mai rămăsese prea mult. Totuşi, paleontologii canadieni au mai descoperit o şmecherie pentru a face rost de pene preistorice: ei cercetează chihlimbarul de pe vremea saurienilor. Chihlimbarul se formează atunci când răşina lipicioasă a copacilor se pietrifică. Deoarece răşina curge uneori peste obiecte mici şi le îmbracă, cu puţin noroc, poţi găsi ţânţari, muşte sau purici preistorici – ori chiar pene! Paleontologii relatează că anumite descoperiri făcute în chihlimbar sunt atât de bine conservate încât mai pot recunoaşte pe ele nuanţe de maro şi negru.

Care au fost strămoşii păsărilor?

Scheletul acestei *Archaeopteryx* este expus în prezent în SUA. Pe membrele anterioare şi pe coadă se pot vedea urme clare de pene – la fel ca la păsările existente în prezent.

În secolul al XIX-lea, paleontologii au descoperit mai multe schelete de dinozauri. Totuşi, descoperirea făcută de cercetătorii germani, în 1861, în oraşul Solnhofen, a fost atât de neobişnuită, încât până şi experţii au fost uimiţi. Scheletul găsit de ei avea particularităţi de saurian: o coadă lungă şi osoasă, dinţi ascuţiţi, trei degete mobile. Totuşi, prezenta în acelaşi timp urme clare de pene! La fel ca penele pe care le au păsările în prezent. Erau oare dinozauri precum *Archaeopteryx* (în traducere: „aripa bătrână“) ipoteticii strămoşi ai raţelor şi ai vulturilor? Acesta era pe atunci un gând ameţitor. Între timp, s-a aflat că mulţi dinozauri aveau pene: unii mici dinozauri, precum *Sinosauropteryx*, aveau degetul mare acoperit de puf care ţinea de cald. Până şi uriaşul *Yutyrannus*, o rudă apropiată a lui *Tyrannosaurus rex*, era acoperit de puf. Există şi mai multe asemănări între dinozauri şi păsări: ouăle anumitor dinozauri se aseamănă izbitor cu cele de pasăre. De asemenea, mulţi saurieni de pradă au claviculele unite cu iadeşul – la fel ca la păsări. Datorită acestor dovezi, cercetătorii sunt siguri în prezent: păsările se trag din dinozauri! De fiecare dată când o vrabie flutură din aripi în faţa ferestrei tale, vezi de fapt, un mic dinozaur.

Archaeopteryx

Lungime: 60 centimetri

Greutate: 300 de grame

Hrană: insecte şi animale mici

A trăit: în urmă cu 152-145 de milioane de ani

Descoperit: în 1861, în Solnhofen

Particularitate: penaj

Resturi de dinozauri care se aseamănă cu păsările

Anchiornis

Carnivorul din jurasic trăia în copaci și încă nu putea să zboare.

Acest saurian, cu lungimea de doi metri, trăia în urmă cu 15 milioane de ani față de *Archaeopteryx*. Pentru că scheletul său avea multe similitudini cu cel al păsărilor, unii oameni de știință îl consideră a fi unul dintre strămoșii lor.

Haplocheirus sollers

Când s-au transformat dinozaurii pentru totdeauna în păsări? Probabil începând cu *Confuciusornis*. Animalul, care trăia în urmă cu 120 de milioane de ani în China, se asemăna cu *Archaeopteryx*, dar nu avea dinți și nu mai avea coadă lungă. Probabil că deja putea să zboare destul de bine.

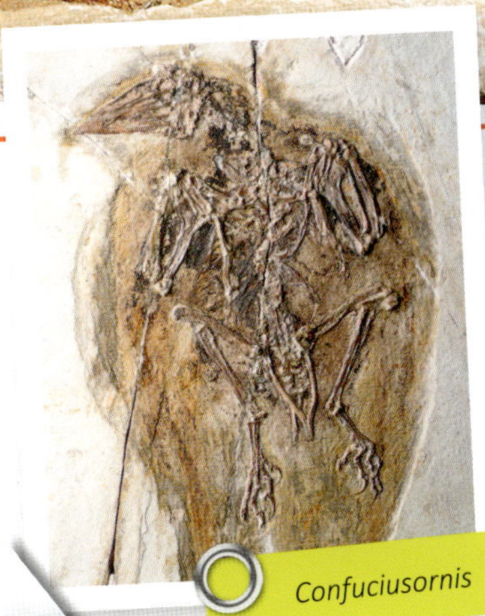

Confuciusornis

Microraptor gui

Unii dinozauri nu aveau doar o pereche de aripi. *Microraptor gui* avea pentru zbor pene la membrele posterioare și la cele anterioare. Cu ele, micuțul plana, în urmă cu 130 de milioane de ani, din copaci spre pământ.

Știai că...

...*Archaeopteryx* era un pitic, dar nu era nici pe departe cel mai mic dinozaur cu pene? Un microraptor care a fost descoperit în anul 2000, în China, măsura doar 47 de centimetri. Scheletul unui *Epidendrosaurus* din China avea o lungime de numai 20 de centimetri. În orice caz, scheletul este al unui exemplar tânăr. Cercetătorii sunt de părere că micuțul se hrănea cu larve de insecte pe care le trăgea cu degetele sale lungi afară din trunchiurile copacilor – procedând așa cum face Aye-Aye în prezent.

Aye-Aye

Cum au devenit păsări micii saurieni prădători?

Chiar şi scheletul dinozaurilor a trebuit să se schimbe în mai multe privinţe pentru ca aceştia să devină păsări.

Compsognathus
În prezent, mici prădători saurieni, cum ar fi *Compsognathus*, sunt consideraţi strămoşi ai păsărilor. Aceştia aveau oase uşoare, goale pe interior, şi alergau pe membrele posterioare. Nu-şi foloseau membrele anterioare. Din ele s-au dezvoltat aripi. Caracteristic pentru un vânător este coada lungă, care avea rol de prăjină de echilibristică şi era folosită în timpul alergării.

Archaeopteryx
La *Archaeopteryx*, oasele membrelor anterioare sunt mai lungi, iar acestea sunt acoperite cu pene. Astfel, pot dezvolta suprafeţe portante. Şi oasele s-au modificat – bazinul şi coada sunt mai mici decât la *Compsognathus*. Şi pe coadă cresc pene, care formează o altă suprafaţă portantă, folositoare la schimbarea direcţiei.

Porumbelul
Porumbelul are un stern mare şi un iadeş lung, care ţine la un loc articulaţiile umărului în timpul zborului. Coada este scurtă. În plus, o parte din oasele membrelor superioare s-au unit, iar asta stabilizează aripile.

Ce tehnică foloseşte pentru *Archaeopteryx* a se ridica în aer?

În comparaţie cu majoritatea păsărilor existente în prezent, *Archaeopteryx* şi *Microraptor gui* nu zburau prea bine.

Muşchii lor erau încă prea slabi pentru a flutura puternic din aripi. Cercetătorii cred că *Archaeopteryx* alerga de cele mai multe ori pe sol fluturând din aripi şi făcând astfel salturi, aşa cum fac găinile în prezent.

Microraptor, dimpotrivă, îşi deschidea aripile, folosindu-le suprafaţa portantă pentru a plana din copaci până pe sol. Cercetătorii au verificat

tehnica de zbor a minidinozaurilor chiar în tunelul aerodinamic. Rezultatul: microraptorul zbura cel mai bine atunci când plana foarte încet prin aer. Astfel trecea fără probleme dintr-un copac în altul şi putea chiar să vireze, pentru a prinde din zbor insecte. Din asemenea încercări simple şi-au dezvoltat păsările, mai târziu, tehnica de zbor perfectă.

În jurasic și în cretacic erau mulți dinozauri care se cățărau în copaci și de acolo coborau în zbor planat până pe sol.

Microraptor gui

Lungime: 47 centimetri

Greutate: 200 de grame

Hrană: carne, insecte

A trăit: în urmă cu 130-126 de milioane de ani

Descoperit: în 2003, în Liaoning, China

Particularitate: avea și la picioare suprafețe portante

Cum studiază cercetătorii dinozaurii?

În prezent, majoritatea cunoştinţelor pe care le au cercetătorii despre dinozauri le-au aflat prin intermediul fosilelor, a resturilor pietrificate ale animalelor preistorice: de exemplu, oase sau ouă, dinţi sau urme de tălpi. Asemenea resturi sunt însă rare, în primul rând deoarece animalele moarte sunt, de cele mai multe ori, mâncate de alte animale sau putrezesc. Pentru a se forma o fosilă, scheletul trebuie să fie acoperit de un strat protector de nisip sau mâl. Asta se întâmplă uneori lângă un râu şi mai rar în deşerturi. În al doilea rând, fosila trebuie să iasă din nou la suprafaţă sau să fie măcar în apropierea apei, după milioane de ani. Altfel nu ar fi găsită de paleontologi. Totuşi, oricât de bine ar căuta, experţii trebuie să aibă şi noroc: din cele multe specii de dinozauri s-au găsit până în prezent doar puţine oase.

Ştiai că...

...nu doar oasele şi dinţii de dinozaur se pot transforma în fosile? Cercetătorii caută şi coproliţi: excremente de dinozaur pietrificate. Cercetarea acestora dezvăluie ce le plăcea să mănânce uriaşilor preistorici.

Folosind ciocănelul şi penseta, cercetătorii desprind din rocă oasele care sunt vizibile la suprafaţă.

Cum decurge fosilizarea?

Majoritatea dinozaurilor sunt găsiţi de cercetători în apropierea fostelor cursuri de apă, pentru că acolo animalele moarte puteau fi acoperite de mâl. Până se fosilizează, trec însă milioane de ani.

Un dinozaur moare pe mal. Carnea lui putrezeşte sau e consumată de alte animale, scheletul este luat de râu.

↓

Se descompune, rămânând oasele, care se duc la fund în locurile unde curentul este lent.

↓

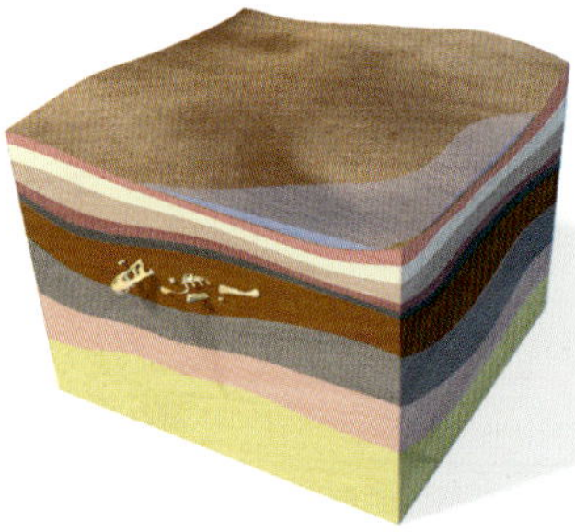

Acolo, oasele sunt acoperite de mâl. Substanţele minerale pătrund în porii oaselor şi înlocuiesc materia osoasă. În mai multe milioane de ani se adaugă din ce în ce mai multe straturi de pământ. Presiunea apasă mineralele, transformându-le în rocă dură.

↓

În decursul intervalelor lungi de timp se schimbă şi relieful. Râul seacă. Uneori întreaga zonă se încreţeşte, transformându-se într-un munte.

↓

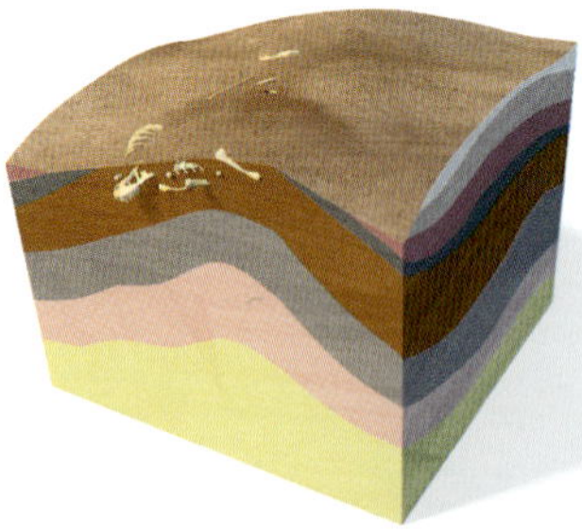

Ploaia şi vântul erodează straturile şi fosilele ies la suprafaţă.

①

②

③

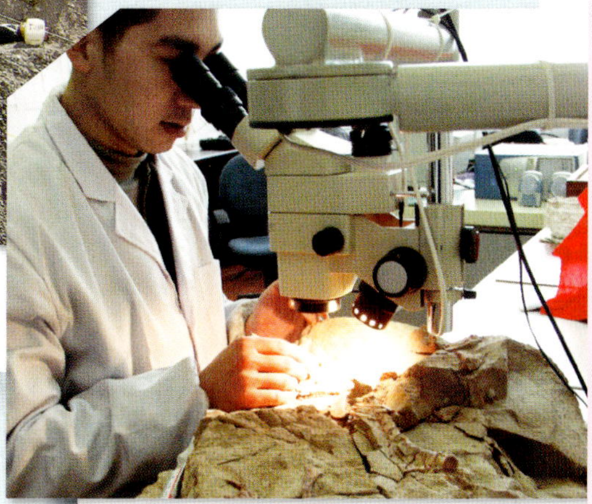

④

um dezgroapă paleontologii un schelet?

inte ca un cercetător să poată studia un schelet în laborator, trebuie să zgroape, să transporte şi să cureţe mai întâi resturile găsite. Aceasta este esea o sarcină dificilă. ① La săpăturile din Argentina, paleontologii au scoperit un *Eoabelisaurus*. Pentru a nu se strica vertebrele gâtului şi capul, e era desprins de restul trupului, cercetătorii au învelit resturile în straturi hârtie şi ipsos, înainte să le dezgroape cu grijă. ② Un ajutor important e lipiciul extrem de fluid. Acesta este turnat peste oase, curge în pori şi pături, după care se întăreşte acolo, astfel încât componentele fragile să se spargă când sunt mişcate. ③ În felul acesta, cercetătorii pot aduce turile sub un cort, ca să le ambaleze în continuare în ipsos sau spumă atoare, în vederea transportului. ④ În laborator, cercetătorii desfac cu ă ambalajul şi îndepărtează ultimele resturi de rocă. Abia acum pot dia resturile fosilizate.

Interviu cu dr. Oliver Rauhut, paleontolog

Dr. Oliver Rauhut lucrează la Societatea Bavareză de Stat pentru Paleontologie și Geologie din München.

De când doreați să deveniți paleontolog?
Din copilărie. Când aveam patru ani, am primit prima carte cu dinozauri și am fost entuziasmat pe loc. Până acum, acest entuziasm a rămas neschimbat.

Ați dezgropat timp de mai mulți ani dinozauri în Argentina. Cum ați descoperit fosilele?
I-am întrebat pe țăranii din zonă dacă au găsit resturi ciudate. Din fericire, aceștia găsiseră deja oase și își doreau să ne ajute. În rest, căutăm mai întâi rocile potrivite. Acestea trebuie să fie de pe vremea dinozaurilor și nu trebuie să fie din mare, pentru că acolo nu existau dinozauri. Dacă roca este corespunzătoare, parcurgem zona în lung și în lat și căutăm urme cum ar fi așchii de os. Când găsim ceva, trebuie să ne mai întrebăm dacă resturile provin din acest loc. E posibil să fi fost aduse acolo de ape?

Ce este cel mai greu la săpături?
Resturile pe care trebuie să le studiem sunt adesea prinse în rocă dură. De aceea, trebuie să folosim aparatură grea, cum ar fi mașini de tăiat piatră și ciocane pneumatice pentru a le elibera. În același timp, trebuie însă să fim extrem de atenți, pentru că resturile descoperite se pot deteriora foarte repede. Pentru a nu se întâmpla așa ceva, ambalăm oasele adesea împreună cu roca dimprejur într-un strat de ipsos și trimitem totul la laborator. Cea mai grea rocă pe care am trimis-o la laborator cântărea șapte tone!

Care a fost cea mai extraordinară descoperire a dumneavoastră?
Fiecare descoperire este senzațională. În Argentina am descoperit, de exemplu, un nou prădător saurian, *Eoabelisaurus*, și mai multe sauropode. Unul dintre ele, *Brachytrachelopan*, are cel mai scurt gât dintre toate sauropodele! Am făcut însă și alte descoperiri extraordinare. Cum ar fi *Asfaltomylos*. Acesta este primul mamifer din jurasic, descoperit în America de Sud.

Vă bucurați când se termină săpăturile și puteți merge din nou acasă?
Sincer, nu. Săpăturile reprezintă cea mai frumoasă parte a muncii.

Cum sunt studiate fosilele în laborator?

Abia după ce au fost dezgropate, începe cu adevărat munca multor paleontologi. Folosind microscoape, aceștia cercetează fosilele până în cele mai mici detalii pentru a-și da seama unde erau fixați mușchii ori caută urme de tălpi. Construiesc stomacuri de dinozauri şi proiectează pe computer cum își ţineau animalele gâtul sau care era poziţia picioarelor. Unii cercetători se apropie de crocodili şi îi pun să muşte, folosind în paralel aparate de măsură, pentru a aprecia ulterior cu ce putere apuca un *Tyrannosaurus rex* prada. La fel ca detectivii, aceştia încearcă să descopere din ce în ce mai multe lucruri despre saurieni: cum arătau şi ce conținea meniul lor, ce vedeau şi miroseau, precum şi dacă trăiau în grup sau erau singuratici. După 65 de milioane de ani, dinozaurii prind astfel viaţă din nou: în imagini şi modele tridimensionale, uneori devenind „vedete" în serii pentru televiziune şi filme artistice. Există însă în continuare unele enigme nedeslușite: dacă dinozaurii se înţelegeau prin sunete sau ce culoare aveau uriaşii preistorici. Întrebări la care, în majoritatea cazurilor, cercetătorii pot doar încerca să ghicească răspunsul.

imagine 3-D tipărită a unui os fosilizat

imagine 3-D scanată a craniului unui *Spinosaurus*

Pe uriaşul craniu de triceratops din Muzeul de Istorie Naturală Senckenberg, din Frankfurt, se văd cu ochiul liber mai multe urme. Semnificaţia lor este dedusă de cercetători prin comparaţia cu animale vii: suprafeţele plate reprezintă un indiciu al faptului că aici erau muşchi. Acolo unde au fost cândva vase sangvine, pe fosilă sunt crăpături adânci. Iar această sferă din mijloc este o încheietură, în jurul căreia erbivorul îşi balansa puternicul craniu.

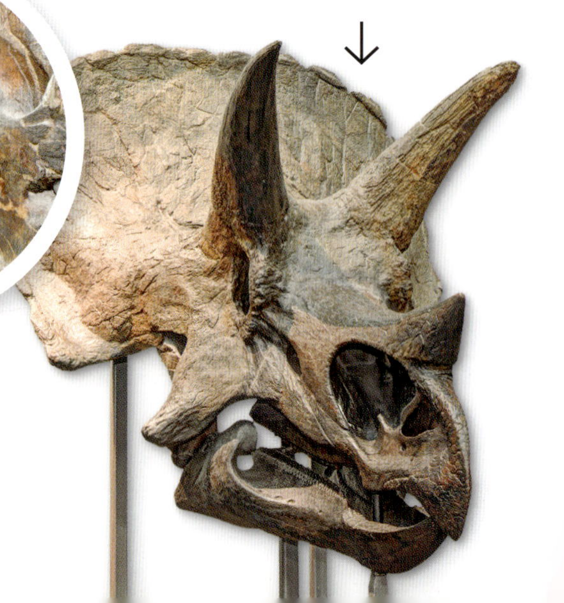

cercetarea fosilelor la microscop

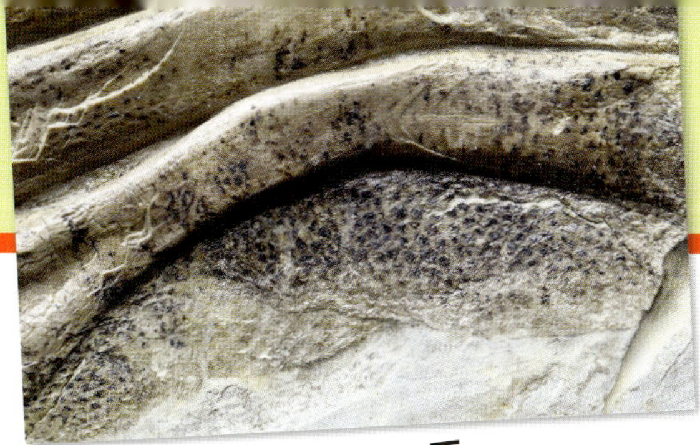

↑ Din această urmă pietrificată se pot recunoaşte cu mare uşurinţă perii din coada unui *Psittacosaurus*.

↖ imprimeurile fosile ale pielii solzoase de *Psittacosaurus* ↗

Ce alte resturi mai sunt în afară de oase?

Chiar dacă oasele reprezintă cele mai importante descoperiri ale cercetătorilor, pentru că rezistă cel mai bine trecerii timpului, aceştia studiază şi alte părţi: uneori găsesc imprimeuri de solzi sau pene, din care pot deduce aspectul uriaşului, sau de organe interne, cum ar fi intestinul. Deosebit de interesante pentru cercetători sunt şi urmele de tălpi. Din tropăituri se poate deduce, prin diverse combinaţii, cât de repede se deplasa dinozaurul, dacă o specie de saurian era sociabil şi trăia în turmă sau era mai degrabă singuratic, dar şi multe altele.

radiografie color

Ştiai că...

...până în prezent nu se ştie ce culoare aveau dinozaurii, deoarece pigmentul se descompune de cele mai multe ori rapid după moartea vieţuitoarei? O excepţie este *Archaeopteryx*. Oameni de ştiinţă de la Universitatea din Manchester au studiat resturi pietrificate ale păsării preistorice cu ajutorul radiografiilor şi astfel au găsit urme de metale. Ei au arătat că penele aveau, în majoritatea lor, două culori: o nuanţă mai deschisă la mijloc şi alta mai întunecată pe margini. Deci, se presupune că în urmă cu 150 de milioane de ani, *Archaeopteryx* alerga de colo colo... dungată.

Interviu cu dr. Ottmar Kullmer, paleontolog

Dr. Ottmar Kullmer studiază fosile de mamifere și dinozauri la Institutul de Cercetare Senckenberg, din Frankfurt.

Cercetați oase și urme de tălpi de dinozaur folosind aparate complicate, cum ar fi scanere de suprafață și aparate pentru computertomograf (CT).
Cum ne putem imagina această activitate?
Nu e deloc complicat: un scaner de suprafață se aseamănă cu un aparat foto, doar că realizează imagini tridimensionale, extrem de precise. Asta înseamnă că putem privi din toate părțile osul pe ecranul computerului și putem studia până și urme care sunt mult mai fine decât un fir de păr. Asta însă nu e tot: putem asambla pe un ecran bucățile unui os spart, ca pe niște piese de puzzle, sau putem măsura creierul din craniu. Cu ceva vreme în urmă, toate erau mai dificil de realizat. Cu ajutorul aparatului pentru CT putem vedea în interiorul fosilelor. De exemplu, putem vedea în interiorul ouălor și putem afla cât de dezvoltat era embrionul.

Foarte practic!
Un alt avantaj este că putem trimite prin internet imaginile capturate. Când un cercetător din Argentina găsește un os de *Argentinosaurus*, nu trebuie să ne trimită fosila grea ca să o putem studia. Scanează, pur și simplu, osul și ne trimite datele. Apoi putem cerceta dinozaurul aici, sub lupă. Există până și imprimante 3-D, cu ajutorul cărora putem reprezenta oasele în mărime naturală printr-un model artificial.

Ce au aflat cercetătorii prin intermediul acestor imagini despre dinozauri?
La teropode ca *Tyrannosaurus rex* s-a descoperit că avea în craniul lui un labirint complicat de canale goale și că prin acestea treceau multe vase sangvine minuscule. Asta arată că teropodele erau animale cu sânge cald. Pentru că animalele cu sânge cald sunt adesea foarte bine irigate cu sânge, iar cu ajutorul aerului își pot încălzi sau răci sângele după cum vor. Craniul lui *Tyrannosaurus rex* era, în orice caz, foarte aerisit. Avea mult loc pentru mușchii masticatori, care erau imenși, ținând cont de dieta uriașului, și pentru nas. De aceea, presupunem că animalele aveau mirosul foarte bine dezvoltat.

Ce v-ar mai plăcea să studiați?
Mi-ar plăcea foarte mult să merg în Mexic. Acolo au găsit cercetătorii într-o zonă mai multe urme de *Pteranodonți* – mari saurieni zburători. Pe acelea aș vrea să le studiez și să aflu ce s-a întâmplat atunci acolo: cum se deplasau animalele și ce au făcut acolo.

Cum a ajuns *Triceratops* la muzeu?

Din fericire, oasele de dinozaur dezgropate de paleontologi nu ajung doar în laboratoare ştiinţifice. În multe muzee, resturile de dinozaur sunt reconstituite în schelete întregi. În Muzeul de Istorie Naturală din Frankfurt, vizitatorii pot fi uimiţi de un fioros *Triceratops*, iar în Muzeul de Istorie Naturală din Berlin, de un uriaş *Giraffatitan brancai.*

Construirea unui asemenea schelet reprezintă pentru preparator şi colaboratorii săi o muncă care durează luni în şir, pentru că dinozaurii au peste 200 de oase care trebuie fixate cu suporturi de metal. În afară de asta, construcţia trebuie să fie cât mai spectaculoasă posibil, pentru ca vizitatorul să fie impresionat.

Giraffatitan brancai din Muzeul de Istorie Naturală din Berlin este cel mai mare schelet de dinozaur expus din lume. Are lungimea de 22,25 de metri şi 13,27 de metri înălţime.

❶ Când oasele dezgropate ajung la muzeu, preparatorii trebuie să le despacheteze şi să le cureţe mai întâi. Asta înseamnă multă muncă pentru că, în vederea transportului, acestea au fost împachetate cu grijă în bandaje de ipsos sau spumă artificială. Unele elemente sunt în continuare încastrate în rocă.

❷ După aceea, oasele sunt aşezate în cadrul scheletului pe poziţia lor originală, iar piesele lipsă sunt înlocuite. Apoi sunt turnate copii din material plastic, aşa-numite piese turnate. Oasele originale ajung în depozit sau sunt studiate de oameni de ştiinţă.

Diferenţa dintre un os adevărat şi unul turnat în plastic se recunoaşte prin faptul că fosila originală este cuprinsă de inele metalice în cadrul modelului.

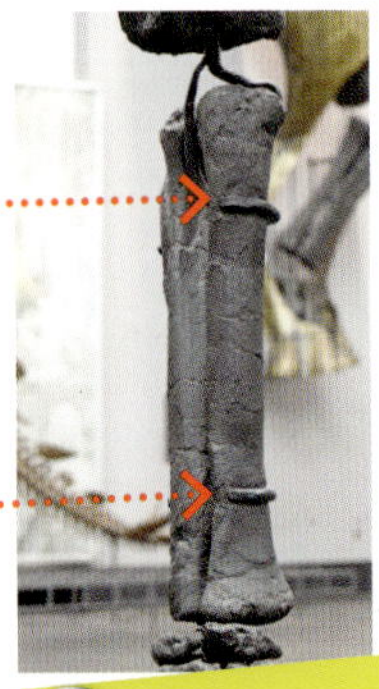

Original

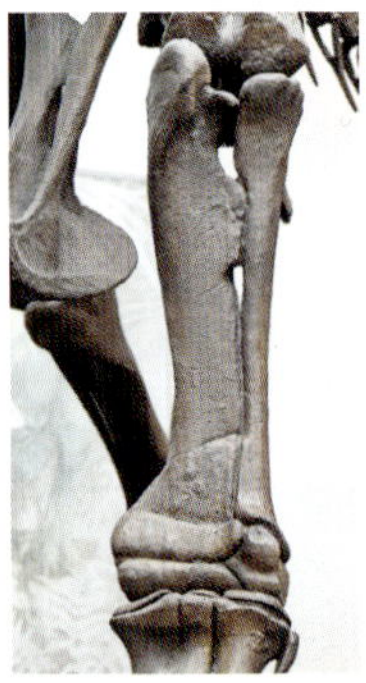

Piesă turnată

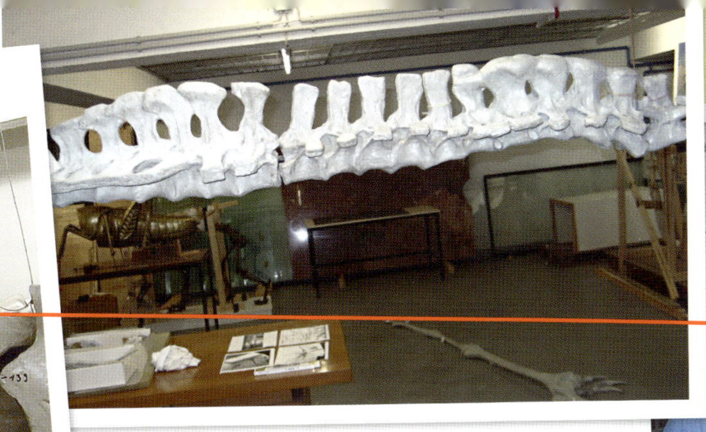

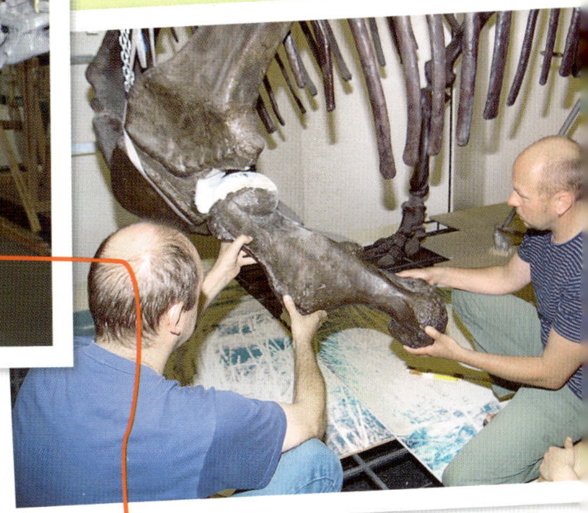

3 În urma întâlnirii cu colaboratorii muzeului se realizează un model din sârmă. În fine, urmează construcţia efectivă: preparatorul face găuri în oasele din plastic şi le înfiletează pe o structură metalică. Componentele mari, cum ar fi membrele posterioare, sunt asamblate separat şi apoi adăugate. La sfârşit, suportul aproape că nu mai e vizibil, ci doar dinozaurul.

Ştiai că...

...scheletele de dinozauri se pot cumpăra şi la licitaţii? Un schelet de *Diplodocus* costă aproximativ o jumătate de milion de euro.

Dr. Bernd Herkner, ţinând gheara unui *Spinosaur*

Interviu cu dr. Bernd Herkner, director de muzeu

Dr. Bernd Herkner este directorul Muzeului de Istorie Naturală Senckenberg, din Frankfurt, şi a construit personal schelete de dinozaur.

Un schelet de dinozaur mare constă în două sute de componente. Este foarte greu să asamblezi un puzzle de oase atât de complex?
De cele mai multe ori nu este dificil. Mulţi saurieni există deja în alte muzee. Deci ai un model şi ştii deja poziţia fiecărui os.

Şi ce faceţi dacă lipsesc oase?
Atunci le înlocuim. Există câteva artificii: de exemplu, putem reprezenta oase în oglindă. Dacă avem femurul de la piciorul drept, de exemplu, atunci îl putem reconstitui pe cel de la piciorul stâng – pentru că arată la fel, doar că e îndoit invers.

Nu se strică oasele vechi când sunt asamblate în cadrul modelului?
În prezent, de cele mai multe ori, oasele originale nici măcar nu se mai folosesc. Pentru asamblare, preparatorul produce piese turnate în plastic. Acestea sunt mai uşor de montat pentru că în ele poţi face găuri. La noi mai există însă schelete cu oase originale de dinozaur. Acestea sunt unite cu inele de metal.

Şi când oasele sunt complete, treceţi la asamblare?
Nu. Mai întâi preparatorul hotărăşte împreună cu angajaţii muzeului postura în care va fi construit dinozaurul: postura în care stă, sau curbura spatelui acestuia. Orice muzeu doreşte să prezinte un dinozaur altfel decât celelalte muzee. Dar postura trebuie, desigur, să fie realistă. Dacă se stabileşte o postură în care scheletul se află în echilibru, preparatorul asamblează oasele: mai întâi înfiletează vertebrele saurianului pe o tijă de oţel îndoită. Ca în cazul unui colier de perle. După aceea, montează celelalte părţi ale corpului: coada, capul şi aşa mai departe. Scheletul este apoi atârnat de tavan. Aşa îl putem vedea şi totuşi modifica diverse lucruri, de exemplu poziţia picioarelor. Abia când totul se potriveşte, scheletul este expus în sala unde va fi admirat.

De unde se ştie cum stătea un dinozaur?
Adesea studiem posturile animalelor care trăiesc în prezent. Uneori, comparăm teropodele cu păsările, pentru că sunt înrudite. În cazul patrupedelor, facem comparaţia cu crocodili sau chiar cu mamifere. În orice caz, corespondenţa nu e perfectă întotdeauna. Odată am vrut să construim un *Triceratops* cu o nouă poziţie a picioarelor. Ar fi trebuit să pară că picioarele sunt sub corp. Dar în urma atârnării oaselor am observat că poziţia e imposibilă. Era imposibil ca dinozaurul să fi alergat astfel. Şi astfel am făcut o descoperire ştiinţifică la construirea scheletului.

Care este dinozaurul dumneavoastră preferat?
Cel mai mult îmi place *Triceratops*. Avem un schelet foarte frumos de *Triceratops*. În afară de asta, este emblema muzeului nostru.

Poţi dezgropa singur fosile?

Descoperirea resturilor pietrificate din vremea dinozaurilor pare a fi o treabă pentru experţi. În realitate, chiar şi tinerii pot să caute fosile. În unele locuri, cum ar fi Altmühltal, din Bavaria, există cariere de piatră care sunt deschise vizitatorilor. Şi anumite muzee oferă propriile lor locuri pentru săpături. În România, activitatea celor mai buni voluntari a fost recunoscută în Geoparcul Dinozaurilor Ţara Haţeg. Pentru început ai nevoie de: îmbrăcăminte comodă, ochelari de protecţie, cască de protecţie şi mănuşi. Echipamentul de protecţie şi aparate, cum ar fi o daltă şi un ciocan, poţi închiria adesea şi de la faţa locului.

În parcul muzeului din Rüdersdorf, tinerii cercetători pot găsi chiar şi acum multe fosile.

Ştiai că...

...pentru a găsi un schelet de saurian nu trebuie să fii un profesionist? Copiii şi adolescenţii au făcut în ultimi ani câteva descoperiri interesante. Într-un parc naţional american, un elev în vârstă de 17 ani a descoperit, în anul 2009, un schelet de Parasaurolophus bine conservat. „Voiam doar să văd ce fel de os era acela care ieşea din piatră", a spus el, ulterior. Daisy Morris, o fetiţă în vârstă de nouă ani, a descoperit pe malul insulei engleze Wight fosile ale unui saurian zburător necunoscut. Saurianul a fost denumit după ea: *Vectidravo daisymorrisae.* Fii atent, poate vei descoperi în curând şi tu oasele unui uriaş preistoric!

Parasaurolophus

Încearcă şi tu: dezgroapă fosile de dinozaur!

Ai nevoie de:
- două ceşti cu făină • o ceaşcă cu sare
- o jumătate de ceaşcă cu apă
- culori tempera (opţional) • nisip (opţional)

Desfăşurarea experimentului:
Amestecă făina şi sarea cu puţină apă, până devie o masă omogenă. Formează din această compoziţie fosile de dinozaur: oase, ouă, dinţi sau urme de tălpi. Pune fosilele pe hârtie de copt pe o tavă şi lasă-le 60-120 de minute la 150-180 de grade Celsius în cuptor. Timpul de coacere depinde de grosimea pieselor: cu cât sunt mai groase, cu atât mai lung este timpul de coacere. După ce s-au răcit, fosilele sunt dure. Acum le poţi colora cu culori tempera şi le poţi ascunde într-o cutie cu nisip, sau cere-le celorlalţi să le ascundă. Succes la săpături!

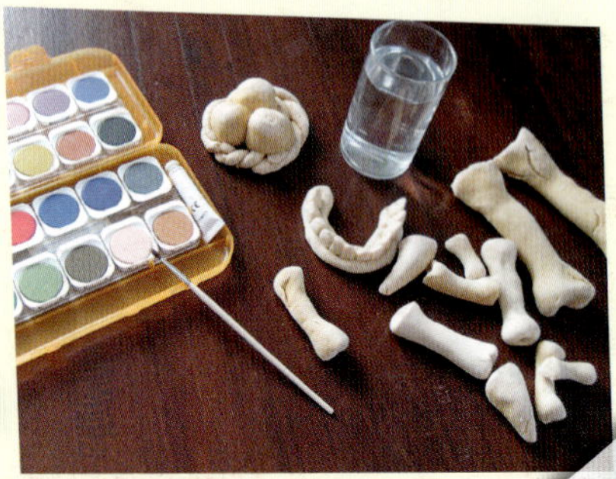